U0903378

网红经济掘金实战

网红圈　杨　浩◎著

人民邮电出版社
北京

图书在版编目（CIP）数据

网红经济掘金实战 / 杨浩著. -- 北京 : 人民邮电出版社, 2017.1（2019.5 重印）
ISBN 978-7-115-43829-4

Ⅰ. ①网… Ⅱ. ①杨… Ⅲ. ①网络营销－研究 Ⅳ. ①F713.365.2

中国版本图书馆CIP数据核字(2016)第250685号

内 容 提 要

“网红经济”日益发酵，成为资本市场“风口上的飞猪”。随着移动社交的发展和内容红利的凸显，众多网红不断涌现，通过多种商业模式将流量转化为销量，实现了网红变现。谁能成为网红，怎样成为网红，如何通过网红实现营销和商业模式升级，成了更多人关注的话题。

本书从网红的属性谈起，通过介绍网红粉丝如何积累、网红社群如何构建、网红内容如何运营、网红如何营销、网红如何变现等内容，全面展现了网红背后的产业链，帮助更多想成为网红的人以及准网红找到成功之路，同时给移动电商从业者、传统企业的营销人员，以及创业者提供了新的营销策略，即培植网红，借助网红实现产品引爆。

◆ 著　　　网红圈　杨　浩
　责任编辑　李士振
　责任印制　周昇亮

◆ 人民邮电出版社出版发行　　北京市丰台区成寿寺路 11 号
　邮编　100164　　电子邮件　315@ptpress.com.cn
　网址　http://www.ptpress.com.cn
　北京捷迅佳彩印刷有限公司印刷

◆ 开本：720×960　1/16
　印张：16.75　　　　2017 年 1 月第 1 版
　字数：358 千字　　　2019 年 5 月北京第 3 次印刷

定价：49.80 元

读者服务热线：(010)81055296　印装质量热线：(010)81055316
反盗版热线：(010)81055315
广告经营许可证：京东工商广登字 20170147 号

有一种红叫“网红”

2015 年 10 月，papi 酱开始在网上上传原创短视频，并于 2016 年 2 月凭借变音器发布原创短视频内容而走红。2016 年 3 月，papi 酱获得真格基金、罗辑思维、光源资本和星图资本共计 1200 万元人民币融资，估值 1.2 亿元人民币左右。

这则新闻，相信很多读者看到时都不由得张大了嘴巴发出惊叹：“papi 酱？那个录制幽默小视频的美女，居然估价 1.2 亿元人民币？！”而在惊讶的背后，还有一个全新的名词，让我们意识到新的时代就此到来——网红经济时代。

从 2015 年开始，“网红”这个词，频繁出现于互联网之中，甚至大有向现实生活蔓延的趋势。papi 酱、张大奕、谷大白话、梁欢、耳帝、徐妍、留几手……这些曾经闻所未闻的名字，如今却迅速成为互联网热门搜索词，甚至一举超越各大明星，成为了互联网的全新焦点。

在过去，我们对于红人的认知，通常来自电视、电影、杂志等；但新的红人却打破了这种规律，他们扎根于互联网、成长于互联网、繁荣于互联网，是不折不扣的“网络红人”。并且，他们在走红之前，也许是不起眼的大学生、企业里的小白领，甚至是我们身边的邻居，但仅仅一夜之间，他们就红了，并且红得如此彻底。所以，互联网开始流行一句话：有一种红叫“网红”。

其实，网红的概念早已存在，从互联网 1.0 时代的宁财神、李寻欢，再到芙蓉姐姐、凤姐，他们无一例外不是依托于互联网成名，只是在过去，他们的身上并没有产生出巨大的商业价值，因此“网红”这个词并不为人所知。但随着张大奕的淘宝店销售破千万、papi 酱的估值达到 1.2 亿，网红正式成为了互联网的全新现象，随之而火的，还有“网红经济”。

什么是网红经济？首先，它的核心是“网红”，即人。网红依托个人的品味和眼光，进行选款和视觉推广，在社交媒体上聚集人气，依托庞大的粉丝群体进行定向营销，从而将粉丝转化为购买力。

粉丝经济这个词我们并不陌生，而网红经济显然就是粉丝经济的深度发展。与过去的粉丝经济相比，网红经济回归了“人”的本质，网红成为焦点，而不再是冰冷的品牌或产品，因此，网红经济带有非常强烈的“人属性”。透过网红，粉丝会感到温暖、感到快乐、感受到彼此间的互动，这是所有的传统营销完全无法比拟的。

正因为如此，网红经济才得到了广泛关注，就连真格基金创始人、中国著名天使投资人徐小平也不得不感叹：“未来的世界，就是网红的世界！”

网红彻底颠覆了传统的商业格局，更创造出了一批互联网红人，他们凭借着粉丝对自己的爱，同样赚得盆满钵满。初级网红，依靠粉丝在视频直播间“刷竹子”“刷火箭”，或是依靠粉丝的打赏；中级网红，通过品牌的代言、植入等，赚到了人生第一桶金；而顶级网红，则创建了自己的品牌，吸引资本机构投资，打造出更为完善的网红生态。无论网红、粉丝还是品牌，都通过这场“网红盛宴”，得到了内心的愉悦、知名度的拓展和品牌的推介。

网红经济呈现爆发式增长，正在于移动社交和内容红利的蓬勃发展。众多网红涌现，通过多种商业模式将流量转化为销量，实现了网红变现。谁能成为网红，怎样成为网红，如何通过网红实现营销和商业模式升级，成了更多人关注的问题。

作为一种全新的经济模式，网红经济尚在起步阶段，所以有太多太多的细节需要去把控。所以，本书从网红的属性、分类谈起，通过网红粉丝如何积累、网红社群如何构建、网红内容如何运营、网红如何营销、网红如何变现等内容，全面展现了网红背后的产业链，帮助更多想成为网红的人以及准网红找到成功之路。同时给移动电商从业者、传统企业的营销人员等提供了新的营销策略，即培植网红，借助网红实现产品引爆。另外，网红经济也是当下创业者关注的风口，本书能帮助创业者少走弯路，快速找到网红经济的脉门，创业成功！

目录

Part 1 网红与网红经济凭什么火了

Part2 升级粉丝经济，抢占网红电商

Part 3 网红千面，什么样的网红能火

Part4 无粉丝不网红，“吸粉”的六个策略

Part5 精准粉丝，构建网红社群的七个关键

Part6 做好内容运营，干货才是核心竞争力

Part 7 网红商业化产业链的五大方向

Part8 改变未来，网红经济将颠覆什么

Part9 知名网红的掘金之路

Part1

网红与网红经济凭什么火了

2016年，伴随着papi酱的天价融资成功，“网红”这个名词，开始越来越被人们所熟知。papi酱、同道大叔、梁欢、张琪格……越来越多过去默默无名的“网友”，一跃成为了互联网的焦点，并吸引到了数以万计的粉丝。随之而来的，则是“网红经济”的迅速升温。从单纯的视频直播“刷竹子”“刷火箭”，到如今的品牌代言、商业变现，网红们用自己的力量，掀起了新一轮的互联网热潮与新经济变革。在网红与网红经济的背后，到底藏匿着多少秘密？还有多少暗流正在涌动？

1.1 人人都想当网红的时代

2016年，有一个全新的互联网名词正式诞生：网红经济。而伴随着网红经济一起火爆互联网的，则是一个之前闻所未闻的名字：papi酱。

2015年10月，papi酱开始在网上上传原创短视频，并于2016年2月凭借变音器发布原创短视频内容而走红。2016年3月，papi酱获得真格基金、罗辑思维、光源资本和星图资本共计1200万人民币融资，估值1.2亿元人民币左右。

papi酱的出现，宣布中国互联网的新时代——网红经济时代正式到来。相信有很多很多人都曾看过papi酱的视频，这个爱吐槽、善模仿的女孩子，每当在微博推出视频，就会吸引高达数十万的回复和转发，每一个视频在各个平台累积有几百万甚至上千万的观看量。

1.1.1 papi酱带来的“新文化运动”

papi酱的出现，让互联网文化进一步与现实相结合，曾经非常新颖的“文字+图片”模式被无情KO出局，彻底打破二次元、三次元之前的隔阂，第一次让“人”成为了互联网核心。

互联网 1.0 时代，互联网文学的代表宁财神、李寻欢等人，创造了第一次“红人时代”，但它仅仅局限于文学、文字；互联网 2.0 时代，留几手、天才小熊猫借助更具互联网社交精神的辣评、图文等模式，创造了互联网的全新热潮，但这种模式依旧“不见庐山真面目”，图片是主导，与网友还有一定的隔阂。而到了 papi 酱的互联网 3.0 时代，凭借着移动互联网的速度提升、品质提升，以及小视频功能的蓬勃发展，互联网文化终于回归“人本位”，人，作为焦点，成为了传播的核心，如图 1-1 所示。

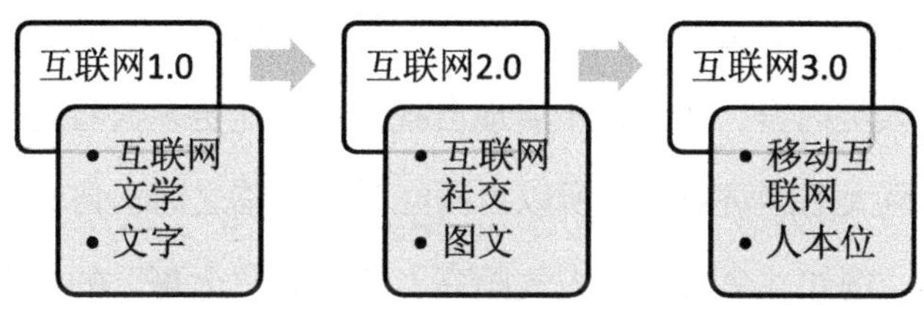

图 1-1　互联网与“红人”进化历史

所以，当 papi 酱以 1.2 亿元的估值获得大量资本集团的融资时，经济学家、互联网观察家们不仅没有大跌眼镜，反而更加欢欣鼓舞：新的互联网时代正式到来！而更多的年轻人，似乎也看到了新的希望：我也能够成为一名网红！

于是乎，各类小视频直播平台开始不断诞生，熊猫 TV、斗鱼、战旗……这些更为方便、快捷，同时带有“弹幕”功能的新文化视频直播平台，成为了新一轮资本市场的热点，正如熊猫 TV 的创始人、大名鼎鼎的“国民老公”王思聪所言，网红经济进入了全民时代。

当然，在 papi 酱诞生之前，诸如芙蓉姐姐、凤姐等人其实都具备了网红的要素，但是因为各种原因（视频直播的不成熟、话题较为负面），她们并未成为网红经济的代言人。但经过几年的不断探索，网红时代正式到来，看看 papi

酱的特质：上海话＋英语、台湾腔＋东北话、吐槽圣诞节、集美貌与才华于一身……网红有了积极的、正面的形象，这时才会真正发挥经济效益，形成网红经济。

1.1.2 人人都想做网红

papi 酱所带来的融资神话，让无数年轻人也渴望自己能成为一名“网红”。这一点，从各种视频直播 APP 的火爆中即可见一斑。有互联网媒体曾做过调查：你是否愿意成为一名网红？结果显示，持肯定答案者中 70 后占到了百分之三十，80 后占到了百分之四十五，而 90 后则高达百分之七十！

对于新新人类而言，他们敢于展现自我，愿意让更多人看到自己的个性，同时还会创造巨大的经济效益，所以当网红时代来临之时，自然让他们有可以大施拳脚之感。例如斗鱼直播中人气颇高、绰号为“七哥”的女主播张琪格，具有高达 110 万的魅力值，关注人数更是突破了 255 万人。而在此之前，她不过只是一名普通的模特，知名度有限。

所以说，为什么人人都愿意做网红，原因就在于其打破了过去成为明星的种种限制。如图 1-2 所示，即便你是草根也有机会，只要有一部手机，没有所谓的运营团队，也可展现自己的特质，吸引粉丝的注意。倘若方法得当，也许短短五分钟的视频就可以瞬间爆红互联网，迅速成为热门话题。伴随着高人气而来的是经济利益的变现：直播平台收入、代言收入、店铺收入、软广植入收入……甚至，他们想成为下一个 papi 酱！

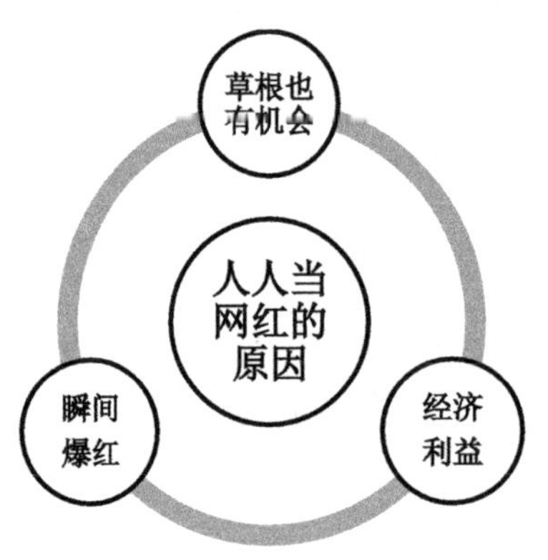

图 1-2　人人争当网红的原因

全民化网红时代的到来，给网红经济的发展带来了基础。“人本位”是网红经济的核心所在，所以未来一定会有新的papi酱诞生，并且领域会延伸至生活中的任何一个细节：游戏、旅游、电影、IT、金融……在这个风潮中，我们是否能够迅速跻身一线网红行列，又如何借助网红的力量为品牌带来全新的推广、营销思路呢?

1.2 网红是怎样炼成的

无数年轻人都渴望成为网红，然而网红绝不仅仅只是两个字这么简单，更不是看到的 papi 酱短短几分钟的视频那么轻松。网红之路，不亚于一场华丽丽的创业，成为网红之前，我们需要找到网红的特质究竟是什么，去思考“网红是怎样炼成的”。

1.2.1 网红的三大特点

目前的网红，主要借助“视频”的手段传播自我，同时配合微信、微博、贴吧等社交平台，进行交叉式组合曝光。而通过对 papi 酱等网红的观察，我们不难发现网红几乎都有如下三个特点（见图 1-3）。

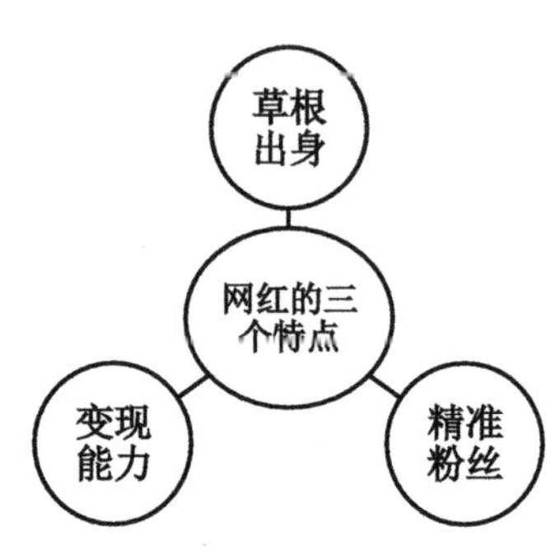

图 1-3 网红的三个特点

1. 网红特点一：草根出身

网红不是传统意义上的明星，在初期开始尝试内容发布时，缺少大量资金、专业团队的支持，之前也并没有获得过较大的曝光量。草根出身，是网红的重要表现。所以，如超女、快男选拔出的明星，本质上并非是网红，因为他们从出道伊始，就带有强烈的商业化包装运作特点。

去商业化，凸显草根精神，是网红的本质。因为只有草根，才能彰显真实，才能更无拘无束地与网友互动，这会更加贴合 90 后乃至 00 后年轻追星族的心态。多数情况下，他们都是通过一次无心之举，如发布了非常搞笑的视频，抑或在游戏直播间一战成名，迅速得到网友的关注，最终逐渐发展成为网红。

所以，草根化带来的亲和力和淡商业化，是网红的三特质之首。

2．网红特点二：精准粉丝

网红与传统明星还有一点截然不同的是：网红的粉丝更为精准，通常就是某个小圈子的爱好者，不似传统明星一般，粉丝的组成是跨年龄层、跨行业的。就像实力影星张涵予的粉丝，包含男性、女性、少年、老人，这是因为他饰演的角色众多，每一角色都会给人带来不同的印象。

但网红却不同，他们绝大多数都集中于某一个领域，如 papi 酱的视频多从女性视角出发，将日常生活中的情节以搞笑和无厘头的方式进行演绎，所以她的粉丝就集中在年轻、女性、互联网爱好者的身上；而另一名网红“叫兽易小星”的视频内容，则主打互联网恶趣味和二次元，所以他的粉丝组成，通常以年轻男性为主，尤其是学生群体，以及热爱互联网恶搞文化者；再如网红“梁欢”，他的主打方向则是音乐、品味、脱口秀（见图 1-4），所以梁欢的粉丝群多数为音乐发烧友，并且品味较高，甚至包括音乐从业者。

通过观察不难发现，网红的特点在于专一和精准，会在某一个领域不断做文章，因此他们才能吸引到更精准的粉丝，这是传统明星所不具备的。

图 1-4 梁欢发布的音乐纪录片

3．网红特点三：变现能力

网红经济之所以能够成为“经济”，就在于网红可以通过自身的影响力，实现变现。papi 酱得到上亿投资，就是一次完美的变现；而梁欢通过音乐纪录片众筹模式，同样借助粉丝的力量（资金），完成了影片的制作，同样也是一种完美变现。

当然，对于二三线网红而言，他们很难如梁欢一般迅速实现高额变现，但同样可以通过淘宝等模式，实现变现目的。就像张大奕，她的身份是一名瑞丽模特，在微博上非常活跃，经常会发布一些自己的照片、视频等，并且热衷于与网友互动，是不折不扣的网红代表（见图 1-5）。她结合自己的身份，经营淘宝女装店，自己亲自上阵当模特，因此很受欢迎，她的淘宝店如今已达到双皇冠的级别（见图 1-6）。

图 1-5　张大奕微博淘宝店预售视频图

图 1-6　张大奕淘宝店铺

还有更多的网红，则会通过游戏代言、广告代言等模式，获得变现的模式与渠道。所以，一个不能成功变现的网红，不能称其为“网红”，充其量只是“网络明星”。即便“国民老公”王思聪也是如此，倘若没有他的存在，那么熊猫TV 不会吸引到众多会员。能否变现，决定了网红究竟是不是真的“红”。

1.2.2　网红的多样化属性

八卦、游戏、段子手网红，也许是多数人最为熟悉的网红类型。不可否认，目前来说这类网红占据了主流，尤其以年轻女性为主。不过，随着网红经济的不断发展，网红也呈现出了多样化的发展态势，逐渐“百花齐放”。这里，我们不妨了解一下相关的网红代表，为更深层次的网红经济探索做好准备。

1．动漫网红

动漫类网红，主要的特点就在于二次元与三次元的结合，即动漫文化与现实文化的碰撞，从而诞生出各类好玩、有趣的话题和网络名言。动漫网红，“敖厂长”为主要代表，他的作品轻松活泼，透出90后对于动漫、互联网文化的喜爱，尤其对于弹幕评论的情有独钟（见图1-7）。

图1-7 “敖厂长”B站视频内容

“敖厂长”每期的视频一经发布，观看人数都会达到百万级别，评论数上万，因此在动漫、游戏类网红里首屈一指。

活跃平台：bilibili视频弹幕网站。

2. 时尚网红

时尚类网红，绝大多数以女性为主，她们容貌姣好，具有一定的化妆技巧、服装搭配技巧，出现在镜头之前时，甚至不逊色于女明星。通常来说，时尚类网红经常会在视频网站分享化妆技巧，同时伴有一定的才艺表演，如唱歌跳舞等，然后将粉丝引流至自己的淘宝店铺。时尚类网红要有一定颜值，喜欢出镜表现，而非总在幕后深藏功与名。

就目前我国的网红发展趋势而言，这类网红是最具人气、最具变现能力的群体。如网名为“雪梨”的朱宸慧，截至2015年年底，其淘宝店铺的服装销售额就已超过2亿元人民币。

时尚类网红对于互联网的应用更为娴熟，通常会综合运用视频网站 + 社交媒体：利用视频网站进行自我展示，在社交媒体上进行粉丝互动，二者相互结合，最终成功引流，将自己代理的时尚类产品轻松销售出去。

活跃平台：优酷、土豆、微博、微信、淘宝。

3. “技术宅”网红

“技术宅”网红的特点，在于其会经常发布一些深度类型文章，并且侧重于技术，具有很强的学识和知识储备。这类网红的代表有耳帝、耳机林 sir 等，他们都是各个领域的达人，发布的内容更具专业性，因此变现能力更强，尤其在产品推荐等领域。

耳帝的主攻方向为音乐类，尤其对歌手点评非常有心得，获得了很多网友的支持（见图 1-8）。

主要活跃平台：微博。

图 1-8 耳帝的微博分享

耳机林 sir 的主攻方向为耳机发烧器材，并经常撰写各类专业测评、推荐文章，因此在耳机发烧友圈具备较高人气。

主要活跃平台：微博。

4. 其他类网红

其他类网红，包括了如新闻事件网红、自媒体网红、生活网红等，如斗鱼地摊哥等。这类网红的特点在于更加生活化、草根化，通常仅凭一部手机就完成了所有视频录制、直播的过程，并且没有团队支持，但语言幽默、夸张，让观看者身心放松，具有更强的娱乐性。这类网红虽然粉丝众多，却实力有限，很少能提供较有价值的内容，因此粉丝黏性有限。

主要活跃平台：斗鱼、熊猫 TV 等直播平台。

1.2.3 网红，不仅是高颜值这么简单

很多人对于网红的第一印象，就是"锥子脸、大长腿"的美女，颜值颇高。事实上，能够成为网红时代的明星，颜值当然是加分项，但如果只看到这一点，不免有失偏颇。网红在高颜值的背后，还蕴藏着很多让人折服的内涵，如图 1-9 所示。

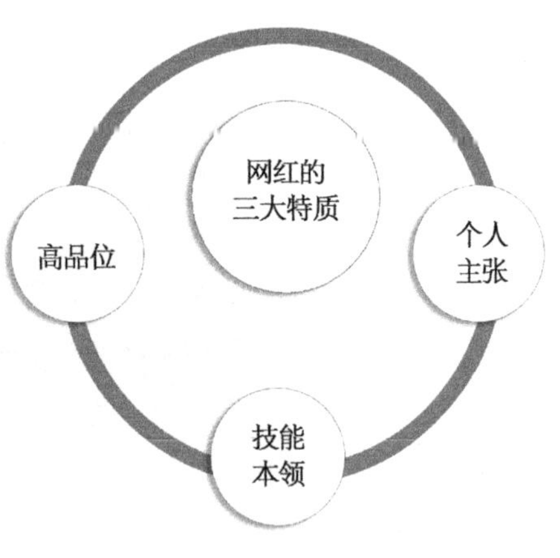

图 1-9 网红的三大特质

1. 高品味

很难想象，一个污言秽语、披头散发之人，能够成为粉丝高达几十万的网红。即便短时间内，他可以吸引

到很多网友的关注，但这只是瞬间，不能形成真正的粉丝效应，称不上网红。真正的网红，首先会给人带来美的感受，这不仅是通过颜值，还包括行为举止、语言谈吐。品味，决定了瞬间曝光后的持续发展，决定了其含金量。

2．个人主张

主张、观点，是决定网红能否真正散发个人魅力的关键。移动互联网时代，是一个无态度毋宁死的时代，中规中矩很难让人记得你，因此任何一位网红，都会不断输出自己的主张，有时候甚至不免有些偏激。这一点，在papi酱的身上更为明显：每一期视频节目，势必会伴随着一个观点的推出，因此才会受到网友的一致欢迎。再如网红YangFanJame，以吐槽独立时装而闻名，微博里的各种冷嘲热讽是主旋律，公众号里戳穿时尚真相的冷嘲热讽是永恒主旋律。

3．技能本领

网红时代，单纯依靠搔首弄姿，很快就会沦为“花瓶”，短暂获得高关注度后迅速陨落。这就是为什么，如斗鱼、熊猫TV中的高人气网红，除了具备姣好的面容外，还会进行游戏解说、唱歌，为的就是让网友看到自己不仅有容貌，更有技能傍身。甚至，如果技能过硬，那么即便颜值不高，同样可以取得极高的人气。这一点，在耳帝、耳机林sir的身上有着鲜明体现。

1.3 从粉丝经济到网红经济，什么变了

20世纪60年代，美国时尚大师安迪·沃霍尔曾提出过“十五分钟定律”：未来每个人都能在十五分钟内出名或每个人都有机会成名十五分钟。很显然，这个判断，在网红时代得到了淋漓尽致的展现，也许一次十五分钟的成功视频直播，就可以创造出一名全新的网红。无论卖萌、搞怪、吐槽，每个网红都有自己的一套看家本领。

正是凭借着这种十五分钟效应，网红经济出现。大量的粉丝，让网红成为了新时代的明星，并得到了最高效率的变现。因此，有人也称网红经济就是粉丝经济。

不可否认，网红经济与粉丝经济的出现几乎在同一时期，但是这二者真的完全等同吗？

1.3.1 网红经济＝粉丝经济？

什么是粉丝经济？用官方的解释就是：粉丝经济泛指架构在粉丝和被关注者关系之上的经营性创收行为。

那什么又是网红经济？网红经济是以一位年轻貌美的时尚达人为形象代

表，以红人的品味和眼光为主导，进行选款和视觉推广，在社交媒体上聚集人气，依托庞大的粉丝群体进行定向营销，从而将粉丝转化为购买力。

从表面上看，粉丝经济与网红经济有着高度的一致：通过粉丝的聚集，最终达到购买力的转换。所以，从本质上来说，粉丝经济与网红经济脱胎于统一体系，最终目的都是通过聚合人群实现变现。

然而进一步分析，我们又可以发现它们二者的区别。

粉丝经济的核心，在于聚合粉丝群体，但是它的载体却不一定是真实存在的“人”。一个简单的例子，即可说明这个观点。

> 小米是国内较早尝试粉丝经济的品牌。围绕着粉丝，小米创造出了一系列文化，如“为发烧而生”。同时，贴吧、微博、微信平台的共同互动，聚合了非常多的小米粉丝。米粉节、同城会……一系列活动，构成了小米粉丝经济的核心。

由此可见，粉丝经济的特点在于中心品牌化，它可以是产品，然后不断通过其他文化拓展和延伸，最终实现粉丝变现的目的。不可否认，部分品牌在运营粉丝经济之时，也会注意到借助人的影响力，例如锤子手机之于老罗。但罗永浩在创建锤子手机之前，已经是社会精英、公众人士，因此他与真正意义上的网红有着本质区别。罗永浩之于锤子手机，更侧重于品牌代言人。

所以，我们可以得出这样的结论：网红经济的本质，在于“人”。并且，这个人更具民间气质、更具草根精神。从粉丝经济到网红经济，新的模式表明：“人本位”的理念得到强化，产品围绕着人的气质、文化、特点进行传播，人成为了新经济模式的重点。

1.3.2 网红经济与粉丝经济的关系

当然，网红经济离不开粉丝经济的贡献。可以这样说：网红经济是粉丝经济的深度探索。粉丝经济的出现，让场景化消费得到了明显的提升，越来越多的品牌销售，都围绕着场景展开——过去人们听音乐，习惯于在家中打开CD机；但随着娱乐公司不断推广现场音乐的场景模式，如今演唱会、音乐节已经开始走俏，这就是场景对音乐产业带来的巨大变革。

同样，网红模式也是对场景化消费的进一步深化。网红们通过一个个短小精悍、丰富有趣的视频节目，让产品进入到实际场景之中，如时尚类网红，将品牌服装直接穿着在身上，然后参加一场盛大的晚宴，此时网友所看到的一切都是真实的，与广告有着本质区别，他们会更加理解这款服装的特点在哪里、适合哪些场合、怎样搭配会更体现美的效果，这种场景比摄影棚拍摄的硬广告更让人信服。

借助网红的影响力，粉丝的购买欲望将会更加强烈，从而实现变现。可以说，网红经济的核心，同样在于场景化的建设，网红具有怎样的定位，就会创造怎样的场景。网红经济让粉丝经济得到了更深度的发展，借助小视频的功能让场景更真实、更生活化（见图1-10），所以越来越多的企业都观察到了这一趋势，开始抛弃小米的模式，直接借助网红的力量提升品牌效应。

图1-10 网红的定位与场景构建

最后，让我们讲一个小故事，看看网红经济对于粉丝经济有着怎样的深刻变革。

小梓是某视频直播平台的当红女主播，主打唱歌、跳舞。随着人气的不断攀升，小梓建立了自己的多个 QQ 群，粉丝数量上万。在未直播的时候，小梓会和粉丝们互动聊天，有的粉丝会问：“你的直播设备是什么品牌？在哪里买的？”有的会问：“昨晚直播你的衣服是哪里买的？很漂亮，我也想买。”甚至还有的人，会对小梓某一天的眼影效果大家赞叹，咨询产品及技巧。小梓主动与这些品牌进行沟通，并建立合作关系，凡是小梓的粉丝购买，可以享受更大折扣，商家自然非常愿意合作。通过这种模式，小梓不仅在直播间获得了极高的人气，还通过 QQ 群互动进一步与粉丝建立亲密关系，在为粉丝提供便利的同时，提升了相关产品店铺的销量，自己也获得了不菲的佣金。

1.4 网红的惊人力量

从 2015 年年底开始，网红已经越来越成为互联网热词。那么，网红到底创造出了多少价值，值得所有经济学家、互联网观察家大书特书？在红红火火的背后，是实打实的商业体系升级，还是一场喧闹的无聊炒作？从接下来的一系列数据之中，我们可以看到网红的惊人力量！

1.4.1 七分之一的高成交量

2015 年的淘宝“双十一”活动，淘宝交易再次创下纪录，达到了 912 亿元人民币，其中服装占据了半壁江山。而随后根据相关机构的统计：淘宝每销售七件衣服，就有一件是网红卖掉的。并且，很多销售量极高的店铺并非是淘宝的传统老店，很多都是 2015 年刚刚建立的新店，这其中包括林珊珊、张大奕等的店，它们无一例外都具备强烈的“网红属性”。很多网红一次上新衣服就能瞬间卖光，轻松获得上千万元的营收。

2015 年双十一期间，张大奕凭一己网红之力，卖进淘宝女装 TOP10 商家，开业一年店铺四皇冠，跻身微博粉丝数百万大户，拥有 406 万粉丝。而她的店铺，并非是天猫店，只是普通普通通的 C 店，一时间成为整个互联网的热门话题。

同样，还有淘宝网首页红人店推介的名为“董小飒”的网红也取得了辉煌成绩（见图 1-11）。2014 年 5 月，她的淘宝店成立，随后董小飒进驻某直播平台，每次视频直播，围观人数都能达到数十万。在粉丝们的大力支持下，仅仅一年多时间，董小飒的淘宝店就成为三皇冠，如今每月收入达到了六位数。

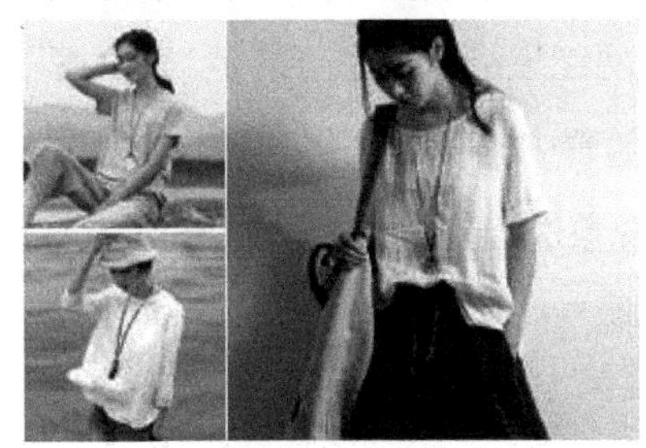

图 1-11　淘宝网首页红人店推介

正因为看到了网红具有如此高的变现能力，所以淘宝网也在 2015 年年末顺势调整战略，正式推出“淘宝红人店”主打网红文化。如今打开淘宝网首页，我们就可以看到很多以网红推荐为噱头的店铺。网红经济，成为了淘宝网接下来的发展重点。

1.4.2　单月 1300 万元的销售纪录

不仅是国内的企业，就连海外企业，也观察到了我国越演越烈的网红文化，并第一时间跟进，依托网红的力量打开市场。这其中，韩国品牌表现得最为积极。

2016 年，韩方洗发水品牌“吕”正式开始在中国发力，而他们的第一步，就是邀请到了中国美容界的十位网红，并主动为他们提供从头皮护理到洗发、彩妆的全套服务。十位网红亲临韩国总部，出席了购物中心、免税店等三家企业的活动，而活动的整个流程，乃至活动后的感受，十位红人也都在微博实时直播，开始与自己的粉丝们全方位互动。

这次网红之旅，对“吕”的影响是非常巨大的：两个月后，“吕”在中国的月销售额创下 1300 万元的纪录，和前一年同期相比，增长了 6.7 倍。正因为如此，“吕”的市场官员表示，接下来还会在中国进行更深层次的网红推广，并将目前中国最火爆的小视频直播模式引入。“吕”还计划邀请“明星级网红”，并将活动的全过程拍摄成视频，以进一步扩大品牌知名度。

不仅是“吕”，还有更多韩国品牌决定借助网红经济打开中国市场，如韩国现代百货商场。从 2015 年开始，现代百货商场每个月邀请一个“网红”，到了 2016 年，这家商场的中国游客销量增长了一倍。之所以韩国企业会格外关注中国的网红现象，是因为两国首先文化接近，同时网红经济目前主打的是“美女牌”，因此作为化妆品大国，韩国自然最为积极。但随着中国网红文化的进一步发展，相信越来越多其他领域的品牌，也会借助网红现象进一步走进中国市场。

1.4.3 580 亿：让人咋舌的数字

不仅是这些直接销量数字，就连很多金融机构，也对网红的力量进行分析与预测。就在 2016 年 6 月，第一财经商业数据中心发布《2016 中国电商红人大数据报告》，预计 2016 年网红产业产值接近 580 亿人民币（见图 1-12），远超 2015 年中国电影 440 亿的总票房，相当于伊利全年营业额，相当于海地 2015 年国民生产总值，是优衣库大中华区 2015 年营业额 3 倍。而这份数据报告，完全借助了大数据的统计，不仅参考了国家官方统计、阿里集团数据库，还包括新浪微博、优酷、斗图 TV 等一系列第三方权威机构的数据，因此可信度非常高。同时数据表明，23 岁到 28 岁的“职场新人类”是网红经济最主要的消费人群，占到消费总人数的 49%。

图 1-12　网红经济的惊人力量

580 亿，这是一个多么可怕的数字，有几个企业能做到年销售额达到 500 亿？这个数字，远超 2015 年中国电影 440 亿的票房总额。所以可以看到，未来的网红经济是一块非常大的蛋糕！现在，不过才是网红经济的起步期！

1.5 对不起，你成不了网红

身为一名网红，即可以通过互联网爆炸式的传播，吸引到大批投资机构的关注，最终让自己“一夜暴富”，如papi酱；即便做不到这一步，我们也可以借助视频直播平台等不断沉淀粉丝，并将粉丝直接转化为购买力，如张大奕、七哥张琪格等。

所以，越来越多的人，产生了这样一种幻觉：网红其实很好当，只要自己找一个合适的平台，录制一些小视频，或是会唱上几句歌曲，只要懂得讨好网友即可！

倘若你抱着这样的心态走入“网红世界”，那么很遗憾地告诉你：对不起，你成不了网红。表面的轻松之下，网红同样需要很多内容的支撑，看看这最基础的两个条件，你能否做到？

1.5.1 你能否不断生产内容？

微博、斗鱼、优酷……这些平台中，有太多太多的主播、段子手，然而真正能够脱颖而出成为网红的，却少之又少。这其中最重要的原因，就在于能否不断生产内容，并且是始终让人眼前一亮的内容。制造出一次话题度极高的内容不难，但如果生产力不能持续，网红就会迅速陨落。

这一点，不妨学学 papi 酱：《男性生存法则第一弹：当你女朋友说没事的时候》、《papi 酱的心得——没事别逛家具店》……papi 酱的每一期节目，都有一个明确的主题，并且非常贴近生活，可以给粉丝带来源源不断的新鲜感，这是 papi 酱的成功关键。

由此，我们必须了解一个新词汇：UGC。所谓 UGC，指用户原创内容。唯有不断创造属于自己的 UGC，并将其牢牢打上自己的标签，这样的内容才是成功的。近年来在微博非常活跃、人气极高的微博主“老湿”，即借助各类影视剧不断吐槽、搞笑，吸引到了众多粉丝，最终成为了视频网络剪辑领域的第一网红。“‘三观重塑’，这个词作为‘老湿’每一次的脱口秀观后感都这么贴切。”这是网易对于老湿的评价，由此可见 UGC 内容对于网红的重要性。

1.5.2 不断的微博互动

社交类平台有很多，然而就目前来看，微博的传播力、互动力依旧堪称第一。相比较微信平台的封闭性，微博可以被更多人看到，即便没有对其关注，我们一样能够看到对方的动态；加之微博抽奖、微博热门榜，以及大量明星、网红的进驻，微博依旧在社交领域具备极高的人气。

而对于网红而言，单纯的视频内容的确可以吸引粉丝，但如果没有进一步的互动，那么粉丝黏性就会降低。所以对于网红来说，必须进行不断的微博互动，这样才能对视频内容进行补充，并且让自己的形象更为精准。看看那些知名网红，他们几乎每天都会更新微博内容，基本以照片为主，文字内容既充满生活化，又带有强烈的励志感受。并且对于网友的评论，他们也会第一时间进行回复（见图 1-13）、转发等，这样就会给粉丝们带来一种感受：“我喜欢的他，和那些高高在上的明星不一样，他更亲切，更让人值得信赖！”

所以，如果你连微博的操作都很不熟悉，甚至连微博账号都没有，那么又谈何成为网红呢？

当然，如果暂时你没有这些条件，不等于你永远不能走进网红世界的大门。从这一刻开始，按照这些基础要求来重新塑造自我，这样才具备成为网红的前提。接下来，我们还有更多的内容需要去学习和充实，进一步提升自身内涵，并学会与商业模式相结合，这样才能成为真正成功的网红！

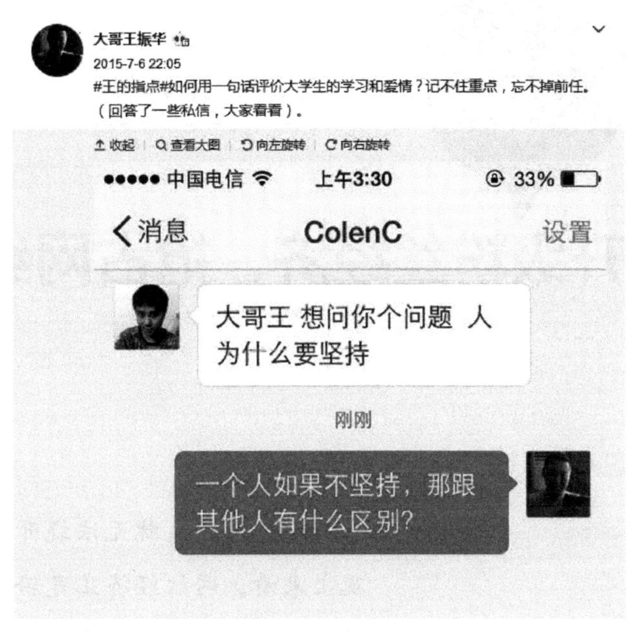

图 1-13　网红“大哥王振华”的微博互动

Part2

升级粉丝经济，抢占网红电商

说到网红，就无法绕开一个词：粉丝经济。从宏观上来看，网红经济正是粉丝经济的重要组成——通过粉丝进行销售和变现的探索。但与过去的粉丝经济相比，网红经济更加深化与精准：粉丝之所以选择主动消费，正因为网红的个人魅力所在。网红的出现，让粉丝经济更加回归“人”的本质，个性化特点日益明显。所以，想要通过粉丝成功变现，就必须建立庞大的粉丝团队，根据粉丝的特点确定网红发展方向，这样才能抢占网红电商的高地。

2.1 互动更真实：亲密互动是网红的必备技能

网红不等同于明星，网红的特点，在于根植于互联网，以更具互联网的思维引导粉丝。就目前来看，我国的网红成长路径颇为相似：以年轻貌美或青春时尚的达人为形象代表，然后凭借着自己的魅力，在社交媒体上聚集人气，依托庞大的粉丝群体进行定向营销，从而将十万级、百万级的粉丝热情转化为购买力。但很显然，仅凭漂亮的脸蛋、令人捧腹的俏皮话，是不可能成为网络红人的。粉丝们最看重的，则是红人与自己的互动。

无互动，不网红。网红张大奕就曾说过：“在我开淘宝店之前，就有一定的粉丝和人气，这主要是微博的功劳。每天，我都会在新浪微博上跟粉丝们谈天气、谈心情，交流韩剧和综艺节目，介绍自己选购的新装等。和粉丝有了互动，然后在直播时进行引流，才能起到效果。”

不仅是张大奕，几乎所有的网红，都非常看中与粉丝之间的互动。

那么，对于多数网红来说，他们的主要互动模式有哪些呢？

2.1.1 直播间的多人互动

视频直播平台，是网红们的主要“战场”。尤其是各类弹幕型直播平台，更是汇聚了各大领域的网红。便捷化发送文字、送礼物……这些功能为网红与粉丝们提供了非常便捷的互动渠道。因此，在展示才艺之外，网红还会发起小游戏，既有奖励也有惩罚，因此很能调动粉丝们的热情。

1．红包大派发

对于花椒、映客直播平台来说，因为有独特的红包体系，因此很容易轻松发起多人“红包大战”。一般来说，网红会提出一个问题，然后要求粉丝们以弹幕的形式进行回答，谁能够最先正确说出答案，或是最早说出答案的前五人，即可获得相应红包的奖励。

当然，这里的红包，并非是现金红包，而是平台的虚拟币红包。中奖者可以在平台直接消费。因为这种游戏参与没有门槛，所以只要网红宣布游戏开始，通常就会吸引数以百计的粉丝同时抢答，可以说是互动性最强的游戏之一，如图 2-1 所示。

图 2-1　直播间的红包派发游戏

2．禁忌你我他

作为语音、视频直播的元老平台，YY 平台同样也汇聚了大量的网红。YY 平台最为主流的互动游戏，当属“禁忌你我他”。这个游戏在于网红可以与粉丝直接进行语音连线，然后通过 100 秒之内的对话，看谁先说出“你、我、他”三个字，并且每句话不能少于五字。谁违规了，就要接受相应的惩罚。

“禁忌你我他”的游戏很考验一个人的反应能力，因此很受 YY 平台用户的欢迎。并且，用户一旦与主播连线成功，就意味着自己也能够成为至少 100 秒的“网红”，虚荣心很容易得到满足，所以该类互动游戏经久不衰。

3．真心话大冒险

无论 YY 平台还是斗鱼、战旗，“真心话大冒险”的互动游戏都能够迅速点燃粉丝们的热情。对于这类游戏，网红通常都会做好心理准备，因为很多问题都比较侧重于隐私，例如主播的感情经历等。人都是有窥私欲的，所以粉丝们的问题通常非常刁钻，倘若网红做出了精彩的回答，就会立刻收到粉丝们送出的各种“火箭”“竹子”等虚拟礼物。

一般来说，如果网红输了，就会接受粉丝们提出的惩罚方式，比如做俯卧撑，原地转十圈，女主播当场画花脸、卸妆等。反之，用户就要给网红送礼物。这与传统明星和粉丝交流的方式大为不同，双方处于平等的地位，有时候粉丝群体甚至还会故意“恶搞”网红，互动更为频繁。可以说，如果没有做好和粉丝们做游戏的准备，或者并不擅长与粉丝进行直接互动交流，那么就很难成为真正的网红，更不要提具备变现能力了。

2.1.2 最具人气的互动模式——视频连线

如果要说哪一种互动模式最受粉丝欢迎，毫无疑问，就是视频连线，即粉丝与网红直接进行视频对话，然后二人的通话画面在视频平台直播。这种模式的特点如图 2-2 所示。

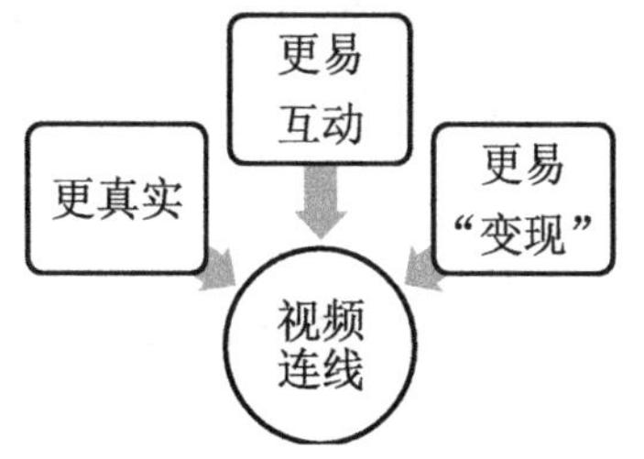

图 2-2 视频连线的互动特质

1．更真实

粉丝不再只是一个 ID 符号，而是可以直接出现于直播平台之上的活生生的人。普通人粉丝在直播平台现身，更具爆点和话题性，也更具有视觉冲击力。如网红张琪格就会定期发起这样的互动活动。

2．更易互动

视频连线的特点，在于网红与粉丝之间直接进行语音对话，同时二者可以互相看到对方，所以互动的效果就更为明显。尤其是当粉丝有内心的迷茫求助于网红之时，二者进行更深层次的交流时，其他围观粉丝也会帮助网红想点子、出主意，形成多点互动的局面。

3．更易“变现”

通常来说，能够受邀与网红进行视频连线的粉丝，通常都是本周虚拟币消费排名前列的人。正是因为他们为主播送去了大量的虚拟币，让网红、平台都得到了相应的收益，因此作为福利，他们自然获得了连线的权利。一旦网红的人气爆棚，很容易形成“强刷”的态势，直接转化为强大的变现能力。

视频连线，通常侧重于美女型网红，但不等于男性网红就不能采用。其实，每次视频连线前，先确定好主题，例如当日的主题是“聊聊我们的初恋”“说说自己吃过最难忘的美食是什么”等，那么一场妙趣横生的“视频聊天秀”就会顺利开展起来。尤其对于主打才艺类的网红来说，定期发起视频连线，会大大提升粉丝们与自己的互动欲望，让自己快速吸引到更多的粉丝。

2.1.3 社交平台的互动

借助视频直播平台与粉丝互动，这是效果最好的互动模式。但是，网红不可能一天二十四小时不间断地活跃在微博平台上，所以还必须借助相关社交平台，与粉丝们进行日常互动。社交平台的互动，一般来说主要集中在微博和微信两个平台。

1．微博平台的互动

微博平台的互动，主要在于分享一些好玩、有趣的内容给粉丝，尤其是与自己形象、气质相符的内容。例如微博上非常活跃的“耳帝”，几乎会点评所有音乐类节目，分享各类好音乐给粉丝，并且言简意赅，见解独到，很容易吸引粉丝，如图 2-3 所示。

图 2-3　耳帝的微博音乐分享

当然，仅仅分享好内容还是不够的，因为这只是单纯的“输出”，并没有形成更好的互动效果。因此，适当选取网友的留言进行回复，会更加显示出网红的亲和力，还能让其他粉丝看到：“他是一个愿意交流的人，如果我的留言也被回复、转发，那岂不是很有面子？”这时候，粉丝更愿意与其进行互动交流。

所以，网红必须养成每天“刷微博”的习惯。很多网红之所以遇到瓶颈，很难吸引到更多粉丝的关注，就是因为他们没有在微博中与粉丝打成一片，甚至没有自己的微博账号，这样就导致了自己与粉丝之间存在着巨大的距离。这样的网红，怎么可能会吸引到越来越多的粉丝呢？

2．微信平台的互动

微信与微博相比更私密，因此很少有网红愿意主动公布出自己的微信账号，毕竟这会给自己带来不小的困扰。那么，如何借助微信与粉丝进行互动交流呢？

方法很简单，创造一个属于自己个人的微信公众平台！

图 2-4、图 2-5 是知名网络红人“和菜头”的微信公众平台“槽边往事”，我们可以看到平台文章的阅读量和留言量都非常高。

图 2-4　和菜头的微信公众平台

图 2-5　和菜头的微信公众留言

所以，开设一个自己的微信公众平台，每天发布一些自己的心情日记，或是分享一些好的音乐、贴上自己的美图，然后推送给粉丝，就能起到很好的互动作用。尤其是对于美女类网红来说，可以每天抽出一定时间，编辑一篇关于自己一天的“旅行日记”，配上美景图片和个人自拍，很容易便能吸引粉丝们的踊跃留言！

2.2 数据更可靠：留下真爱粉，抛弃“黑”与“路人”

衡量一个网红是否真的“红”，指标只有一个：粉丝数量到底有多少。无论微博还是斗鱼，在头像旁边，都会清晰显示出关注者的数量是多少。如果你的粉丝数量仅仅只有几百人，那么即便发布的内容很多，发布的内容很精彩，你也不能被称作网红。因为你没有变现的渠道——你的影响力只有几百人，怎么可能形成大规模的变现效应？

所以，越来越多的网红，都将“粉丝数”作为衡量自己是否为“优质网红”的标准。这个观点当然没错，但是它真的具备决定意义吗？

2.2.1 数据更可靠：你是不是真的网红？

我们经常会在网上看到有人自诩为“百万粉丝级”的网红，然而我们却似乎并没有听过他们。难道真的是我们孤陋寡闻吗？其实，只要看看他们的社交平台，就会明白其中的玄机，如图 2-6 所示。

图 2-6 微博某“网红”发布内容

图 2-6 为微博一名“网红”所发布的内容，可以看到转发量仅为 1，留言也不过 40 人。然而其微博认证显示，他的粉丝数量达到了 40 万之多。多达 40 万的粉丝数量，却仅仅只有 40 条留言，这显然与“网红”的特点完全不符——网红本身活跃度很高，因此很容易带动粉丝集体互动，通常留言数不低于数百，转发量至少能够达到 500 以上。

所以，我们可以判断：这名所谓的“网红”，粉丝绝大多数都是僵尸粉。所谓僵尸粉，是指微博或百度贴吧上的虚假粉丝，花钱就可以买到“关注”，是有名无实的微博粉丝，它们通常是由系统自动产生的恶意注册的用户。从表面上看，僵尸粉的确让自己的粉丝数量呈现增加之势，但事实上却没有给自己带来任何的互动效果，因此这种僵尸粉只能满足自己的虚荣心，却很容易让网友一眼看穿，反而成为了笑话。

真正的网红，最不屑的就是购买“僵尸粉”；而网友也不会认为一个毫无留言量的微博博主是所谓的“网红”，哪怕他的粉丝后面有好几个零。甚至，还有知名人士为了表示对僵尸粉的鄙夷，不惜主动退出社交网络。

2010 年 8 月 27 日凌晨，广州著名主持人陈扬在自己的新浪微博表示，由于不能忍受“僵尸粉”带来的虚假人气，将关闭自己用户名为 chensir 的新浪微博。当陈扬做出这一决定之后，绝大多数网友表示赞同，有网友说：“越来越多的名人给自己买‘粉丝’，看起来似乎很有人气，但事实上微博留言的人不过一二十人，并且毫无价值！这种行为，只能让人鄙夷他的人品，这种人只能一辈子虚伪地活着！”

无论如何“买”粉丝，数据是不可能作假的，网友们能够通过留言量、转发量确定你是否真的“红”。直播平台也例外，即便关注度高达数十万，但是每次直播只有几十条弹幕，这很容易让人看出“人工操作”的痕迹。

因此，必须向所有网红和渴望成为网红的人提一个醒：无论多么渴望高人气、多么希望自己能跻身一线网红的阵营之中，也不要弄虚作假，靠着假粉丝欺骗网友。因为，这决定了你的人品。

2.2.2 质量大于数量：抛弃“黑”与“路人”

不可否认，网红尽管不是传统意义上的明星，但他们已经属于“公众人物”的范畴，尤其对于那些粉丝数量高达几十万的网红来说，每一次发布的内容都会引来数万的留言或弹幕。这些粉丝的留言，绝大多数都是正面、积极的，但依旧不可避免有些人进行恶意留言，发布一些让人产生不良情绪的内容。

那么，对于这些内容，应当怎样处理？置之不理？这显然非常不理智。因为这些“黑粉”与“路人”的内容，不仅给自己造成了伤害，更影响到了与粉丝们的良性互动，所以面对这样的留言，最好的方法就是：清除。

对于微博而言，网红应当尽可能做到每天都浏览一下留言内容，一旦发现带有人身攻击、不良广告信息等内容，应当及时删除；对于那些经常留言散布恶意消息的“黑粉”和“营销路人”，可以进行“拖黑设置”，使其无法留言。必要时，可以点击举报，让平台进行处理。

而对于视频直播间来说，因为弹幕的即时性，网红一方面需要与粉丝进行互动，同时还要操作电脑、手机等设备，很难兼顾管理的工作。这时候，我们不妨引入“房管机制”。

所谓房管，就是由主播直接任命的“房间管理员”，他具有禁言、踢出的权限，一旦发现有人的弹幕违规，即可对其进行账号锁定。无论斗鱼还是熊猫TV，都有这方面的相关设置。因此，主播在进行直播前，应当确定好房管，并明确其相应职责，保证直播时的弹幕信息是健康的、合规的、不伤害自己的。

其实，巧用房管机制，也能达到互动的效果：我们不妨设定每周活跃度最高的粉丝成为房管，然后进行轮换，这样既能刺激到粉丝们的互动，又可以保障直播房间的健康有序，何乐而不为？

2.2.3 为粉丝树立榜样

既然网红具备“公众人物”的特点，因此网红本人在与粉丝交流之时，就必须注意自己的言行，不要因为不当的行为给粉丝树立负面榜样。尤其当受众群为青少年之时，更要注意好这一点。有时候，很多网友总是抱怨粉丝们的素质不高，留言、弹幕内容不堪入目，其实恰恰正是自己的言行造成的：爱说脏话、习惯恶意攻击他人……这样的网红，不可能有高素质的粉丝。

微博名为煜子 yuiko 的女生，凭借着姣好的面容，在互联网上具有较高的人气。从华南师范大学附中毕业后，她到国外留学，并一跃成为美女学霸。然而，2016 年 6 月，她突然向母校开炮，并一再表示同学们“见钱眼开”，表示国内学校不值得信任，结果引起轩然大波，遭到网友们的口诛笔伐。最终，她不得不删除相关内容，并表示歉意，但依旧不能得到网友的谅解。

所以说，要想呈现出网红健康、活力的一面，同时收获一批真正具有正能量的粉丝，那么网红就必须严格律己，而不是口不择言地在互联网发表言论。自己为粉丝树立了正确的榜样，粉丝们才能受到积极的引导，“黑粉”与“营销路人”才会逐渐减少。

归根到底，无论僵尸号、黑粉、营销路人，都会影响网红的形象，所以不要觉得黑粉等的数量少就毫不在意。该清理、删除就应当及时处理，需要房管就应当寻找真正具有责任心的粉丝来担任，同时在社交平台注意自己的言行，尽可能正面引导粉丝，这样才能收获一批忠心耿耿的粉丝！

2.3
内容更落地：有颜值也得有才华

网红，并不仅仅就是“刷脸”那么简单。

这是网红时代的一句至理名言，可惜的是，很多年轻人却似乎只注意到了“颜值”，固执地认为：只要自己有了足够靓丽的外表，即可吸引到大量粉丝，从而轻松变现。随便打开一款视频直播软件，即可看见无数锥子脸、大眼睛的漂亮姑娘，可惜除了哼唱两首歌之外，几乎再也没有任何才华的展现，结果短暂的火热后人气逐渐降低，不得不在几个平台之间来回“跳槽”。

2.3.1 网红大吐槽：除了脸，什么都没有！

真没想到，现在网红居然这么火！不过我看了看，觉得还是有些失望。尤其是那些视频女主播，刚开始看的确都很漂亮，不过久而久之就有些厌烦了，无非都是锥子脸、剪刀手这些内容；基本上她们也只是唱唱歌，或者说几个段子，看多了毫无意义。让我觉得：这些女孩子都太过花瓶，太没有内涵了。

这是某论坛一位网友关于网红的一段评价，顷刻间得到了众多网友的点赞。

甚至有网友跟帖说："真不明白这些网红有什么吸引人的？见过三个网红，脸型都一模一样，如果站在一起也许都无法区分！难道，她们是一起团购去整容的吗？"

由此可见，在很多人眼里，网红基本上就是负面的代名词。网友之所以做出这样的结论，归根到底就是因为太多年轻人误解了网红，认定只要容颜姣好，穿几件名牌服装，就可以成为所谓的"网红"。而事实上，这正是"伪网红"的特点，大眼睛、锥子脸、易撞脸，如图 2-7 所示。

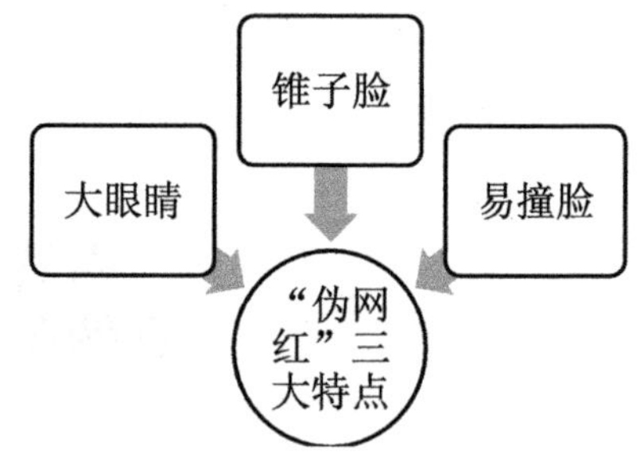

图 2-7 "伪网红"三大特点

想想看，为什么 papi 酱可以得到很多网友的喜爱，甚至得到资本市场的青睐？

想想看，为什么梁欢可以在音乐世界成为达人，不仅发行了自己的单曲，还拥有了自己的品牌节目？

想想看，为什么张大奕能够赢得粉丝的喜爱，并且不离不弃，愿意接受她的推荐，购买相应产品呢？

难道，他们不是网红吗？

所以，当我们看到真正的网红之时，就会立刻发现：那些除了颜值一无所有的"网红"，根本没有任何持续性，不过一周的时间就将迅速凋零。而真正的网红，必然有属于自己的专属才华，也许是口才，也许是某项技能，他们是普通人，但又是"不普通的普通人"——正如梁欢，可以一针见血地分析各个歌手的问题所在，还能够凭借着自己的观察导演一部纪录片，这是普通人所不能企及的。

所以，如果仅仅将网红当作"长得漂亮的人"，那么你永远不能走进网红的世界。

2.3.2 要有颜值，更要有内涵

高颜值，自然会给人带来极佳的第一印象。所以，尽可能让自己的外表光鲜亮丽，这一点本身无可或非；但在此基础上，更重要的则是才华的展现。用互联网的一句话来说，就是“要颜，更要有内涵”。

“大喜自制”是一个非常热门的网店，其店主大喜同样是一名网红。大喜是标准的美女，在2015年中国网红排行榜中排名第35名。能够成功成为一线网红，大喜的颜值当然非常加分，但是在大喜自己看来，能够受到粉丝的欢迎，绝不止颜值这么简单。大喜曾经说过，自己尽管没有太多的才华，但是会借助自身特点打造个人特色，例如，她会经常与摄影师合作，拍摄一系列自我风格强烈的照片。与传统写真相比，大喜的摄影作品更具个人特色，色彩、构图不同于普通照片，凸显出了非常强烈的艺术色彩。

同时，大喜在每次旅行中，也会拍摄很多风格化的照片，给粉丝们分享。因此，在粉丝的眼中，大喜是一个漂亮的姑娘，更是一个特立独行的女文青。

大喜接者采访时说：“粉丝会喜欢我很大程度上源于喜欢我的生活态度和生活方式，单纯的颜值，不可能一直吸引粉丝，谁都有厌倦的那一天。”

事实上，能够成为网红的人，多数都有自己的才华，就像大喜所说：“有的会设计，有的会摄影，更重要的是对时尚的把握，我们花很多很多时间研究这些，比大多数人都努力。”只有展现真正的才华，网红才能得到粉丝们的持续喜爱。

就像罗振宇，没有人会觉得他与“帅”沾边，但是凭借着知识的储备和独立的思考能力，他成为了新时代互联网的明星。所以，有人将其称为“才华型

网红”，很显然，这样的网红才具有生命力，也更具号召力和变现能力。

2.3.3 适合自己的，才是才华

那么，对于网红来说，怎样才能展现自己的才华？

1. 不要随波逐流

最不聪明的一种方法，就是别人什么样，自己就模仿什么样。就像 papi 酱成名之后，一下子出现了非常多录制吐糟小视频的网红，但几乎没有一个人能够给网友留下深刻的印象。

为什么？因为 papi 酱是独一无二的。随波逐流，做得再好充其量也只是一个“模仿秀”，当网友看到你时，第一印象就会排斥：“原来不过是想蹭别人的热点炒作自己！”

2. 找到自己的优势在哪里

真正的网红，知道自己的优势在哪里。口才好，那么不妨来一个吐槽秀；演技佳，可以借助“小咖秀”这样的创意视频 APP，为粉丝带来一个个让人捧腹的小节目；有舞蹈功底，一场精彩的舞蹈秀，同样能够让粉丝的尖叫；摄影技巧高，在社交平台不断分享自己的作品，还可以与网友一起讨论；有音乐才华，可以进行音乐教学（见图 2-8）……

只有发挥自己擅长的，并展现给粉丝，才能形成吸引力。所以，对于网红而言，必须根据自己的特点施展才华。

图 2-8　古筝视频秀

才华就像酒，会让人越喝越沉醉其中；唯有才华，才能让网红之路越走越远。所以，挖掘自己身上的长处，展现不一样的气质，这是成为网红的必要条件！

2.4 多渠道沟通：有文有图有视频，更有真相

互联网的出现，将整个世界连接在了一起。从此，人们可以通过文字、图片的方式进行快速交流。第一代的网络红人，就在这个阶段异军突起，以文字吸引粉丝，紧接着网红进入图文时代。很快，移动互联网迅速普及，更简洁的操作方式，像素不断翻倍的摄像头，还有运营商推出的各种大流量套餐，让单纯的图文模式渐渐落伍，而图文视频时代正式到来，如图 2-9 所示。

与此同时，社交平台的发展同样风起云涌。十年前，QQ 是熟人之间最常用的通信工具，但到了今天，微博、微信、陌陌……越来越多的社交平台，让“半熟人文化”大行其道，也许我们与自己的网友素未谋面，甚至不知道 TA 的性别，但依旧可以谈天说地。

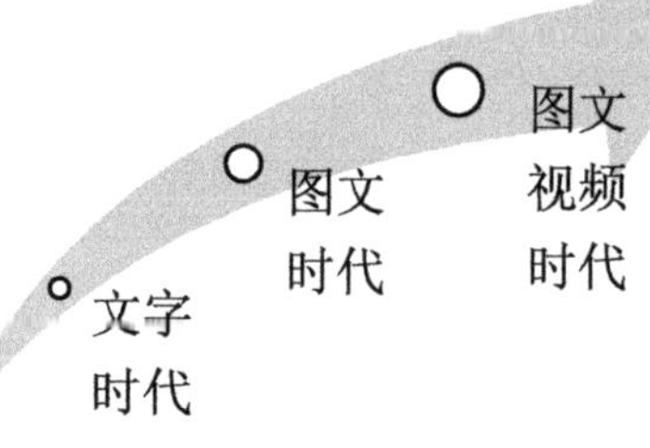

图 2-9　网红发展的三个时代

而网红潮流的兴起，正是伴随着“移动互联网 + 社交关系”的出现诞生的。新时代的网络红人，不再仅仅依靠文字与网友交流，而是形成了多渠道、多平台的态势，正所谓“有文有图有视频”，单一的模式，已经不能叩开通向网红世界的大门。

2.4.1 有文有图有视频

真正成功的网红，绝不会将自己只局限于某一个平台之上，而是会多渠道地与粉丝们互动、沟通，这也正是“社群时代”的基础要求。所谓社群，就是基于兴趣爱好而组成的网友互动群体，他们爱好相似、品味相似，甚至有一致的行为规范、持续的互动关系。而维系社群组织的核心环节，正是网红本人。

一个网红的背后，都会有成千上万的粉丝，因此很容易形成兴趣和爱好更为细分的群体：

有的粉丝习惯玩贴吧，因为贴吧更侧重网友之间的互动交流；

有的网友则热衷于微博，这样就可以与网红本人进行亲密互动；

有的网友则更喜欢登录视频直播间，刷弹幕、送“鱼丸”是他们的爱好，甚至还有可能因此与网红进行直接对话。

兴趣的细分化，导致渠道的多样化。所以，如今的网红单凭一个平台进行自我展示与交流，显然不能完全满足粉丝们的需求。在不同的平台，发布不同的内容，才能形成更好的“社群文化”。

为什么 papi 酱粉丝众多、变现能力极强？一方面，这是因为其内容质量过硬；另一方面，就在于她的视野极广，几乎可以将所有粉丝一网打尽。可以看到，无论微博平台、传统视频平台、视频直播平台……papi 酱均有涉猎，既让自己的形象得到了充分的展示，又给不同粉丝提供了更多的选择，如图 2-10、图 2-11、图 2-12 所示。

图 2-10　papi 酱微博平台

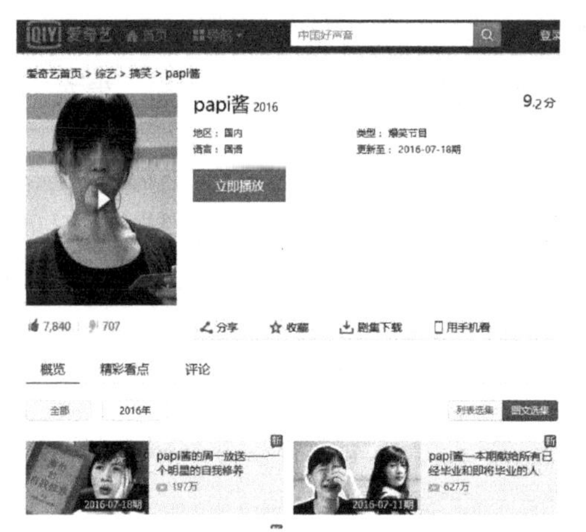

图 2-11　papi 酱爱奇艺平台

图 2-12　papi 酱视频直播平台

对于微博平台，除了发布短视频，papi 酱会经常发布一些自己的小动态，如心情、旅行照片等；同时，还经常与粉丝们进行问答交流。

而在独家视频平台爱奇艺，papi 酱会定期发布主题精准、幽默搞笑的视频内容，粉丝无论在电脑前还是使用手机，都可以轻松观看和分享。

对于斗鱼、花椒等视频直播平台，papi 酱的定期直播，可以让粉丝们看到更真实的自己，所有内容都是实时的、高效的、精准的。

此外，微信公众平台、贴吧等，也都会从不同角度展现出 papi 酱的风采。当这些组合在一起时，papi 酱的形象就更为立体，无论有着怎样喜好的粉丝，都可以从不同渠道获知、了解、观看她的动态，所以这种沟通相比传统的单图文模式，要更生动活泼，更让人信赖，更能增强粉丝的归属感。

那些淘宝红人店的店主，无一例外都是多渠道运营，与粉丝进行多渠道互动。通过微博平台的图文展示、视频直播的形象展示，网红将自己的特色源源不断地展现出来，并且与粉丝们进行更真实的互动交流，潜移默化中对粉丝进行引流，直接转化为购买力，这是几乎所有“电商网红”都不会放弃的手段。

2.4.2 多渠道打造网红的 IP 价值

IP 这个词从 2015 年开始，同样成为资本市场最为关注的新名词之一。什么是 IP ？最简单的理解就是：可以带来大的流量，并形成变现能力。例如，大热的网剧《余罪》，在未拍成网剧之前，其小说就已经在读书网站上点击率破亿，拥有非常多的粉丝；当其被改编为网剧时，先天就会吸引众多小说爱好者的关注。当网剧走俏后，可以再围绕《余罪》进行更多的开发，如大电影、周边产品等，又会形成全新的变现价值。

网红也是如此，能够源源不断生产内容的网红，其个人就是 IP 的源点，即商业价值的起点。所以，网红之所以进行多渠道发展，就在于每一个平台，都可能创造出一个 IP 事件。例如张大奕，当在某段视频中，她穿着一件大衣上镜，并将其命名为“张大奕特别款”，那么很快淘宝上就会出现“张大奕同款风衣”，粉丝们会争相购买。这个时候，张大奕就形成了一个IP，风衣成为了IP变现的渠道。

表面上看，这种点尚未网红与传统的导购广告似乎并无本质区别，但事实上，如果网红不能通过多平台将自己真实地展示出来，不能生产出让不同粉丝感到眼前一亮的内容，那么这款风衣就不可能产生任何购买力。

papi酱也是如此，7月11日八大平台的直播首秀，papi酱一共吸引到了两千万的观看人数！而有人也做出了统计：当晚的礼物和赞赏达到约90万元人民币！这八个直播平台，可谓乐开了花。

从一开始的微博平台横空出世，再到视频直播平台的进驻、个人公号的建设，papi酱通过多渠道打造出了全方位的IP价值，并形成了完整的引流生态链。

2016年6月13日，papi酱在个人公号发布了名为“papi酱的影评系列视频又来啦！我把《魔兽》给看了！！”的视频，并在文章最后做了一个小尾巴：淘宝搜索“papi酱心智造”，当日18:30准时发售主题T恤！结果六点半，店里二款魔兽主题T恤全部售罄！

2.4.3 什么是真相？真实！

为什么从2016年开始，网红经济会大行其道，甚至出现了不少的网红商学院、网红经济培训班？

因为，网红不仅有文有图有视频，更有“真相”。所谓的真相，即为真实。

什么是真实？字典上的解释就是：与客观事实相符。

网红的特点在于什么？即为草根化。从本质上来说，网红与“明星”无异，区别只在于他们成名于移动互联网时代。网红与明星，同为内容的生产者：明星扮演各种角色，出唱片、演电影，贩卖的是人格魅力，倘若长时间没有任何作品发布，那么就会渐渐被人遗忘，这与网红的“持续性内容发布”并无二异。

不过，明星与网红也有着本质的不同：明星无论演了多少电影，他们始终扮演的是角色，而非真实的自己；但网红不一样，无论在哪个平台，他们展现的就是最真实的自己。正是因为真实，所以与粉丝并无距离，让粉丝感受到了亲切。正如有的粉丝在评价 papi 酱时就曾说：“她就像我的学姐一样，很真实，很好玩！”

移动互联网大爆发的时代，每个人都能拿着手机写文章、录视频，越来越多的人渴望看到真实的偶像，而不是永远藏在角色后的明星。正如刘德华沸沸扬扬的隐婚事件，就暴露出了传统明星与新时代的脱节：移动互联网时代，人们希望看到更真实的你！

而多渠道与粉丝沟通的网红，因为没有身份上的顾虑，因此会将自己的幽默、伤感一一曝光在公众面前，甚至是自己的家庭琐事。粉丝们显然更乐见于这样没有距离感的“明星”，因此网红经济才能蓬勃发展。

移动互联网时代，藏藏掖掖的网红，很快会被贴上“虚伪”的标签。

移动互联网时代，不懂得多渠道展示真实自我的网红，很快会让粉丝们感受到无聊。

移动互联网时代，不知道如何将真实自己主动展现出来的明星，很快便会沦为路人。

所以，当网红呈现出了勃勃生机之势，明星们也开始积极寻求转型，努力凸显出自己真实的一面。这从各大卫视不断推出各种“明星真人秀”节目中便可见一斑。而在微博、微信平台，各种节目花絮也会不断放出，这其中绝大多数都是明星在节目中真实的表现。这其中尤其以贾乃亮为代表，不断借助“小咖秀”发布各种有趣的视频，将自己生活中的“鬼马精神”展现得淋漓尽致，所以他也被越来越多的网友称之为“网红”而非明星，如图 2-13 所示。

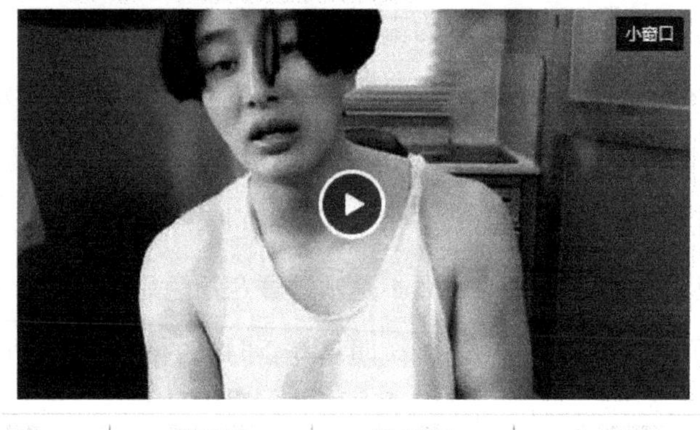

图 2-13　贾乃亮小咖秀视频

无论明星还是网红，在这个时代，倘若不能多渠道展示自我，做到有文有图有视频，那么就无法形成属于自己的 IP 价值，无法形成真正的变现渠道。

2.5 社交电商：定制化与小众化的春天

2013年年底，冯小刚的电影《私人订制》正式上映，很快便取得了傲人的票房纪录。这部电影，第一次提出了一个观点：借助社交平台，进行定制电商的探索。这个模式的特点在于服务精准的小众化群体，努力提供“私人订制”的产品和服务。

彼时，不少电商行业的人都认为：这种定制化电商的思路虽然新颖，但很难获得市场认可。然而仅仅几年的时间，随着网友的消费习惯迅速改变，如今定制化与小众化的社交电商已日趋成熟。该模式之所以能够迅速打开局面，正在于“网红文化”的迅速兴起。

2.5.1 围绕社交，创造一批铁杆粉丝

“私人订制”，即是围绕各大社交平台，创造出具有大IP的“产品”，而网红，显然符合这一特点。目前来说，较为活跃的电商网红，通常会在微博、视频直播平台展现个人的魅力以聚集人气，努力让自己成为时尚达人和专家，然后以独特的眼光和品位进行审美输出，如选择最具爆款的服装，然后自己亲自试穿，拍摄专属宣传推广照片，继而在社交平台进行展示，引导粉丝进行交

流互动，如图 2-14 所示。

当网红的推介在社交平台得到了粉丝们的一致认同后，接下来，粉丝就会被引流至相关店铺，这款产品就有可能形成极高的销售态势，网红的人气也会因此大涨，从而实现与粉丝的深层次互动。这个模式，几乎成为了所有网红的电商销售手段。

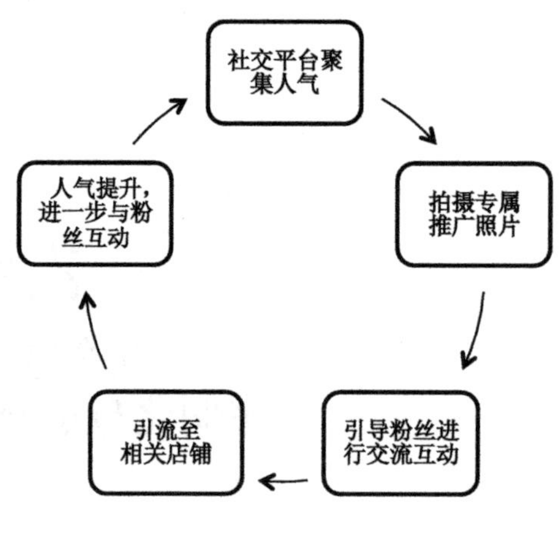

图 2-14　网红社交平台的运作模式

社交电商的形成，离不开网红的个人魅力，即文化特色。每一个网红，都有自己的特点，特点越明显，其文化特质愈发凸显，如张大奕的时尚气质、papi 酱的无厘头本色，一旦形成文化特色,就会迅速聚合相应的粉丝——喜爱时尚搭配的人,自然会主动关注张大奕;热衷于互联网搞笑文化的人，也会第一时间成为 papi 酱的粉丝。当网红以最前沿的个性精英生活方式，引导粉丝接受同样的生活观点和消费理念，这时候就为电商的销售做好了铺垫。

这就是为什么，papi 酱能够获得 1200 万元的高额融资。资本机构看到：当一个网红能够借助个人魅力吸引到上千万的粉丝，并且这些粉丝具有很高的消费能力时，那么只要稍作引导，就会形成非常大的变现能力。

因此，尽管 papi 酱一出场并不是明星，“干净得像一张白纸”，但投资人已经觉察到了其背后的无限商机。也正是因为 papi 酱并非明星，所以她的可塑性更强，几乎没有负面新闻，气质与网民更为接近，这就为未来的定制化、小众化发展奠定了非常好的基础。

2.5.2 “定制化、小众化”模式渐成主流

所谓“定制化”，即针对某一个独立的人群，提供最符合他们需求、个性的产品。定制化电商时代的到来，标志着传统“产品在先，需求在后”的商业模式开始逐渐走下坡路。品牌将会根据自己的粉丝定位，确定究竟生产什么类型的产品，一次最大化地保障品牌忠诚度，这是“互联网 +”的一次全新尝试。

不过，无论品牌如何重塑，它依旧是产品，是一个符号，缺少人所有的七情六欲。因此，单纯依靠品牌宣传语吸引特定粉丝，这显然是不现实的事情；而网红的出现，打破了这个瓶颈——网红是有血有肉的人，他们有情绪、有态度，可以与其他人互动，甚至直接发起一场“互联网战争”。

从这个角度上来看，罗永浩所推出的“锤子手机”，其实正是“网红定制化”模式的最早试水者。购买锤子手机的人，无一例外几乎都是罗永浩的粉丝，他们几乎有着与罗永浩一致的标签：独立思考、热爱艺术、关注细节、从不愿意随波逐流。而锤子手机显然也与小米、魅族有着明显的不同：摒弃桌面壁纸；独创九宫格模式；别具一格的便签使用方式……可以说，锤子手机天生就不服务于大众，它的受众群极其精准：充满个性的文艺青年。

而从锤子手机推出伊始，罗永浩就非常高调地为锤子手机站台：发布会上俨然是全场最大的明星，风头盖过手机；为了维护产品，不惜在微博上与网友“开撕”；看到有粉丝毫不吝啬地夸奖锤子手机，毫不客气地笑纳……

种种举动，表明罗永浩正在用网红的一套思路，经营着锤子手机。想想看，倘若锤子手机是某家深圳小工厂推出的品牌，是否会成为备受关注的手机品牌呢？恐怕它早已消失在智能手机这一“红海”之中。

所以，当锤子手机有了罗永浩这一“网红”，通过他将品牌特点、品牌形象不断散发之时，罗永浩的粉丝们自然被吸引过来。潜意识里，锤子手机的粉丝会有这样一种心态：“使用锤子手机，就表明了我的态度和罗永浩一样，我

才不是随波逐流之人！”

尽管锤子手机目前还远远谈不上成功，但是凭借着罗永浩的个人魅力，它依然顺利实现了“定制化、个性化、小众化”的特点，渐渐在市场站稳了脚跟。因此，越来越多的品牌意识到：定制化是电商行业未来的大势所趋，此时的问题不在于做与不做，而在于谁想得最明白与谁最早下手。所以，越来越多的平台、品牌开始主打“网红定制化”的模式，借助网红的个人魅力，吸引到更为精准的用户。

2016年6月，“香草招聘”正式推出网红代言人大赛，希望找到真正符合品牌气质的网红，让网站可以被更多的求职者关注。

2016年7月，互联网时尚品牌汇美启动“网红计划”，着力挖掘与品牌气质相符的网红代言人，甚至力推网红成为品牌创建人。该品牌负责人表示：“将会围绕网红本人创建全新的子品牌，然后围绕网红大做文章：产品、内容、运营以及社群。每个网红的背后都是一个庞大的粉丝群体，应根据对网红穿衣品味和调性的概括，并结合其粉色特点进行粉丝调研和精确的划分。”

越来越多的品牌开始进军“网红领域”，意图凭借着网红在社交媒体的影响力，不断推出定制化、小众化的产品。能否细分精准用户，成为了各个品牌是否能够“问鼎中原”的关键。就连徐小平也发出了这样的感慨：“每一个创业者都应该成为网红，因为他们同样都是在打造品牌！如果你不具备成为网红的能力、潜力、魅力、影响力，那就不要创业了。因为创业创什么？品牌。”

所以，无论对于规模如何的品牌，倘若依旧没有挖掘出自己的网红，那么未来的发展之路必然越走越窄。唯有围绕着“网红”本身不断做文章，产品定位才能更精准，才能为客户提供最精准、最能击中痛点的产品！

2.6
营销更精准：让商业带上人情味儿

2016 年 2 月，青岛微创新营销公司与社群领袖联盟基于网络大数据，发布了《中国首份网红经济白皮书》，这份白皮书显示：中国的网红人数超过 100 万，其中作品创作网红占 11.6%，视频直播网红占 35.9%，新闻事件网红占 18.2%，自媒体网红占 27.3%，其他类网红占 7%，如图 2-15 所示。随着各大巨头与互联网创业企业发力视频直播业务，通过视频直播业务火起来的网红也显著增加，成为网红群体中的主流。

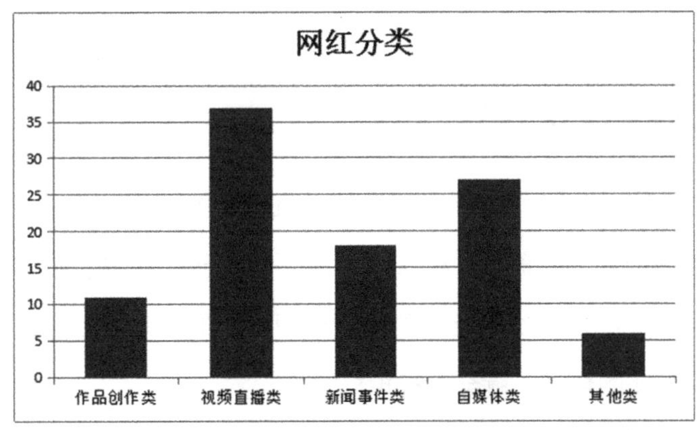

图 2-15　网红分类数据

很多人都没有意识到，我国网红在短短一年多的时间内，竟然呈现出了如此爆炸式的发展。然而，除了耳熟能详的几十个人之外，还有多少网红我们可以叫得出名字？

和所有行业一样，网红同样具备金字塔特性，如图 2-16 所示：最顶层的网红赚得盆满钵满，如 papi 酱、张大奕、雪梨等；中层的网红，也会凭借着在视频直播间积累的人气，一方面通过粉丝刷虚拟币获得收入，另一方面也可以通过淘宝小店取得收益；但更多的网红，却迷失在了互联网之中，即使手握产品，也根本不知道究竟如何变现。

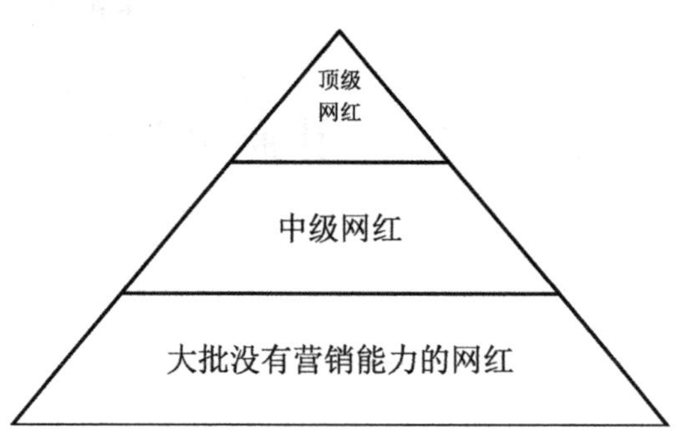

图 2-16 网红的金字塔结构

很多底层网红，或网红模式经营不佳的品牌，都会发出这样的抱怨：为什么我（我的网红）形象很好，也有一定的才艺，可是却始终无法产生变现能力，营销效果极差？

2.6.1 强行营销注定失败

很多网红在与网友互动时，尤其是擅长直播类的网红，不由自主都有这样一种习惯：在表演才艺的间隙，会突然拿起手边的一个产品，然后赤裸裸地告诉粉丝：“这款面膜是我好朋友做的独家代理，你们要是喜欢可以加她的微信购买，只要说是我的粉丝，就会有折扣！”

网红之所以这样做，自然是为了营销，渴望人气能够直接变现。但殊不知，当这句话刚刚说完，无数板儿砖飞来，质疑声四起。这种强行推销，给网友们带来了非常强烈的负面印象。

主播也会觉得委屈：自己给大家带来了欢乐，难道做些广告不可以吗？

当然不是！广告必须做得巧妙，做得不让人厌烦，那才是真正有效的广告。这一点其实很好理解，当我们看电影之时，如果演员突然跳出情节，在荧幕上与我们直接说："这款产品真的不错，希望大家踊跃购买！"这时候，你会产生怎样的心情？恐怕绝大多数人都会觉得不满，即便这部影片的其他部分如何精彩。

所以，很多网红之所以不能突破营销的瓶颈，就在于其营销方式太过生硬。面对这种情形，无论如何提升才艺，无论将自己打扮得再漂亮，也不能唤回粉丝的心。

2.6.2 "搔首弄姿"打动不了人心

不可否认，尽管"网红现象"越演越烈，然而对于它的评价却呈现出了严重的两极化：赞同的人认为新的互联网文化，会创造新的商业模式，未来不可预估；反对者则认为，目前的网红文化几乎等于低俗文化，女主播通常靠搔首弄姿、男主播靠口不择言"上位"，毫无价值可言。

的确，目前很多平台的网红都有这样的弊端，总是希望借助"打边缘球"的方式吸引网友关注，并在这其中将品牌植入，以此达到营销的目的。然而这种模式不仅没有得到网友的欢迎，反而还被越来越多的人批评。2016 年闹得轰轰烈烈的"斗鱼直播造人"事件就是典型例子。网友们的口诛笔伐，乃至公安部门的直接介入，让"网红文化"受到了更多人的抨击。

用低俗的表演吸引人气、营销产品，也许短时间内的确会吸引到众多网友的关注，然而这种模式却对品牌本身非常有害——网红本身就素质低下，怎么敢奢望她推介的产品有质量保障？

所以，只依靠“打边缘球”进行营销无异于饮鸩止渴，到头来网红本人、品牌都会遭受网友们的一致抵制。

2.6.3 缺乏关怀，网红的营销有些冷

还有一类网红，主打微信营销。这类网红通常属于低端中级网红，通常在某个平台具有一定人气，但无法达到顶级水准；同时，因为孤军作战，很难兼顾淘宝店的运营，因此将主要营销阵地放在了微信之上。贴图、刷朋友圈，是这类网红营销的主要手段。

借助自身人气，利用朋友圈的快捷发图功能进行营销，这本身并没有错，然而很多网红在营销时，却存在严重问题。

（1）对于产品的品质没有准确了解，很多产品都是三无产品。

（2）自己并没有亲自体验使用产品，仅仅只是从商家拿来宣传图片，对产品的效果的优劣没有丝毫关注。

（3）拒绝售后。一旦有粉丝依网红的建议购买了产品，出了问题网红却将所有责任推给商家，让粉丝感到寒心。

的确，通过网红的魅力，品牌方会打开销售局面，网红本人也能获取相应的报酬，但最终受到伤害的，却是直接消费的粉丝。对于这样的网红，套用网络流行语就是“不走心”，丝毫没有意识到粉丝对自己的作用。恶意消费粉丝，久而久之，不会再有人相信他，其所有平台的人气也将逐渐流失，最终网红不再“红”。

2.6.4 人情味儿，网红营销的“第一法宝”

强行营销、低俗手段营销、缺乏关怀营销……这是很多网红都犯过的错，

并直接影响到了自己的形象。这也正是众多网红及品牌所面临的尴尬：一心想要做好营销，渴望成功变现，到头来却被网友大肆抨击，最终竹篮打水一场空。

其实，无论网红具有多高的人气，背后有多么庞大的品牌资源支持，想要做好粉丝经济，没有“人情味儿”是注定要失败的。

什么是人情味儿？它既体现了对用户的关怀，又不会让用户感到恶俗，同时还会给用户带来实打实的效果。

首先，在营销时，成熟的网红会分析自己的受众群到底是怎样的人，他们具有什么样的生活习惯。然后，将产品巧妙地植入于自己发布的内容之中，不显山不露水地让粉丝们感受到“广告”。就像在视频直播的休息时间，网红随手拿起代言的水杯，然后送上甜甜的微笑，并在镜头前展示水杯片刻，这会更能让人接受，并且更具亲和力。

其次，在社交平台上，必须随后说明自己推介的产品：包括它的特点、资质和注意事项，让粉丝们感受到自己的关心和认真负责。

再次，对于药物类、食品类的推介，必须和粉丝说明哪些人适合使用，哪些人不适宜使用，避免粉丝误服或误食造成伤害。

最后，则是看到了粉丝的投诉后，应当第一时间协助粉丝解决问题。如果是代言商品，应当及时通过微博@官方账号，并将粉丝的内容进行转发；如果是自己店铺的产品，那么应当第一时间与粉丝取得联系，并商讨解决事宜。这些过程，尽可能做到公开，以此赢得其他粉丝的信任，更树立自身的负责任形象。

归根到底，网红营销也是营销的一种，因此它同样需要遵循营销的基本原则。倘若意识不到这一点，那么无论品牌还是网红，都会受到粉丝们的一致声讨，让好不容易积攒的人气付之东流！

Part3

网红千面，什么样的网红能火

papi酱是网红，谷大白话是网红，罗永浩同样也是一种网红。不同的网红，具有截然不同的性格特点，其粉丝特质也千差万别；不同领域的网红，在各自的行业中创造着各种“互联网神话”，让网民迅速细分，并形成了一个又一个的粉丝组织与团体。那么，我们如何成为下一个叱咤互联网的网红？只有找到各种类型网红的不同特点，然后结合自身优势，找到最符合自身的网红之路，从而一举成名！

3.1
自媒体网红：靠的就是才华

对于互联网的第一代网红来说，他们展示自我的平台，主要依托于各类论坛。例如宁财神、李寻欢等，他们主要活跃于文学网站“榕树下”，依靠着嬉笑怒骂的互联网文学吸引了众多粉丝。在互联网 1.0 时代，受限于网速、互联网普及率和其他硬件的不足，第一代的网红仅仅依靠纯粹的文字与粉丝互动，尽管能够获得一定的关注度，但并不能成为更广泛的社会现象。

然而进入 2014 年之后，随着智能手机普及率提升，手机拍摄功能的日益丰富，拍摄和上传照片、视频操作都可以轻松实现，再加上运营商不断推出的大流量套餐，以及各大社交平台、互动平台的发展，如今的网红，早已不再用一种模式与粉丝进行互动交流，如图 3-1 所示。

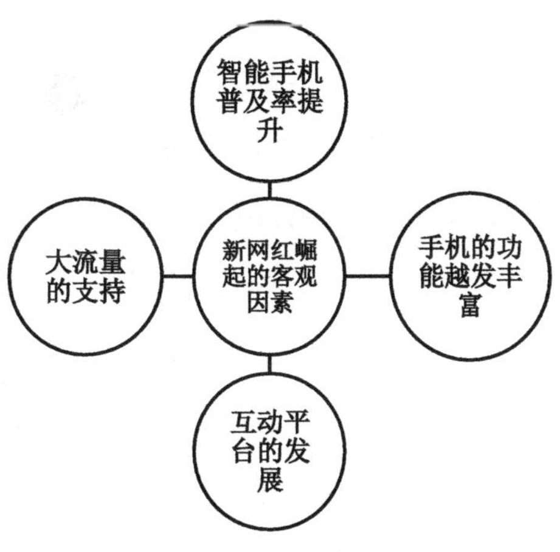

图 3-1　新时期网红崛起的客观因素

网红千面，造就了丰富的网红生态系统。那么，究竟什么样的网红才能真正点燃互联网？想要成为分类领域里的一线网红，还需要做到哪些细分要求？

微博、微信的出现，直接让“自媒体”这个概念火遍了全国。所谓自媒体，即“个人媒体”，私人化、自主化是其突出特点。利用自媒体，每个人都可以向他人传播非规范性信息，是一种全新的传播手段和形式。自媒体的出现，打破了传统媒体对于新闻发布的垄断性，依托便捷的移动互联网，任何人都可以成为“媒体”，提供源源不断的新闻素材。并且，与传统媒体相比，自媒体的自我态度更为显著，敢于做出让人眼前一亮的评论。

正因为自媒体会创造出与主流媒体截然不同的语境，因此，自媒体网红也成为了网红领域中非常独特的一个群体。

3.1.1 不拼颜值，拼才华与思想

在网红界，自媒体网红显然是一个异类：不依靠外貌来取悦粉丝，也很少通过商业代言进行变现。他们最赖以为生的能力，就是自己的才华与思想。

简而言之，自媒体网红通常都有很好的文笔，知识储备丰富，绝大多数属于知识分子领域。也许，他们不一定会背诵《四书》《五经》，但非常擅长利用网络化的语言，说出绝大多数网友的心声。因此，自媒体网红，多数都是媒体编辑、作家、专栏作者出身，甚至是相关专业的学者。例如吴晓波频道受众非常广泛，而他本身就是一名财经作家；再如大V咪蒙，也是文字编辑出身，写出的文字让人折服，如图3-2所示。

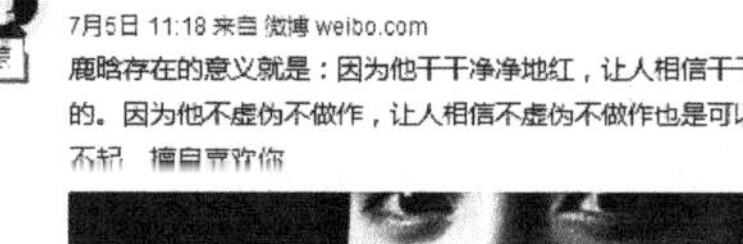

鹿晗对不起，擅自喜欢你

（鹿晗）（咪蒙撰写）"美而不自知，就是美的最高境界。"01鹿晗凭什么这么火？他的微博有2000多万粉丝。他的单条微博评论破亿。他的个人话题阅

发布者：咪蒙

图 3-2 咪蒙的自媒体专栏文章

开设专栏，用自己的世界观来阅读世界，并得出极具个人风格化的观点，这是自媒体网红成功的必须要素之一。可以说，倘若肚子里没有丝毫墨水，那么期望通过自媒体手段成为网红，这无异于天方夜谭。

除了吴晓波、咪蒙，还有诸如张嘉佳、罗振宇等，他们无一例外不是自媒体网红的代表，善于写作，善于拿捏文字，善于用文字来表达内心的感受，让读者看完后心有所触，产生共鸣，是他们的共同特点。知识分子化倾向，是自媒体网红的基础；而在此基础之上，例如公众号头条广告等，就成为了他们变现的主要渠道。

3.1.2 草根式 + 正向能量

尽管有人说：互联网文化是审丑文化，越剑走偏锋，越出格才能越红。这种观点，仅仅只看到了网红的一个片面现象，却没有意识到：绝大多数的人，依旧喜欢正向能量。这一点，从每当有祝福、祈福类的微博、微信内容转发数量的巨大便可见一斑。

图 3-3　张嘉佳自媒体频道发布的文章

所以，对于自媒体网红来说，搞怪、幽默、文笔过硬，这是吸引粉丝的主要途径，但对于正能量的传播，才能真正塑造出自己的形象。

如图 3-3 是张嘉佳发布的一篇文章，内容积极向上，给网友带来了非常大的触动和感悟，因此点赞数、评论数还有转发数都非常高。不要觉得：网友们会喜欢低俗的内容，尤其对于自媒体网红而言，他们的粉丝素质更高，希望能看到真正有营养、有价值、带有激励效果的文字。

那么，为何要在正向能量的基础上，特别强调草根化呢？因为只有草根出身，通过自己的努力获得了一定成就，并且这个过程是在粉丝们的陪伴下完成的，这样自身的信服度才会更高，与粉丝的关系更为紧密，因此自然更加能打动人心。

3.1.3 超群的专业能力

对于自媒体类网红，无论依靠单纯的文字成名，还是在此基础上进军视频行业，无一例外，他们都要有非常强的专业能力。唯有专业，才能使所呈现的内容让人信服；唯有专业，才能让内容充满干货，而不是仅仅流于表面。

所以，尽管很多自媒体网红成名于网络，但在此之前，他们都在各自的领域做出了很好的成绩，甚至是该领域的专家。

张嘉佳大学毕业后担任过杂志主笔、电视编导等。2005年，他出版首部长篇小说《几乎成了英雄》；2010年，出版小说《情人书》。

吴晓波毕业于复旦大学新闻系，财经作家，“蓝狮子”财经图书出版人，曾任上海交通大学、暨南大学EMBA课程教授，常年从事公司研究。

咪蒙，文学硕士、专栏作者、媒体编辑，于韩寒杂志《独唱团》首期发表文章《好疼的金圣叹》，对历史文化有着很深的见解和研究。

林建焕，中国大学生网络创业发起人。而在此之前，他运营女装网店，月营业六万多，月利润过万。

可以看到，这些在自媒体领域呼风唤雨的网红，无一例外不是各自领域的“达人”，具有非常强的专业能力。正因为如此，他们所呈现的内容也是言之有物、让人信服。一旦专业能力匮乏，那么势必会走上一条恶意炒作的路，即便红了一段时间，很快也会被粉丝看透本质，人气迅速流失。

3.1.4 励志 + 出书

正因为自媒体网红具备很高的文学修养，同时在专业领域也有超群的能力，因此积极引导粉丝，对他们进行励志式的培训，成为了自媒体网红与粉丝交流的主要手段。而一旦粉丝数量达到了一定档次，此时进行图书出版，会让他们的影响力进一步扩张，从线上辐射至线下。即便之前对网红并不了解的人，也有可能因为从书店里捧起了他的著作，从而转化成为他的粉丝。

图 3-4　咪蒙出版的图书《我喜欢这个功利的世界》

如图 3-4、图 3-5 所示，可以看到，无论咪蒙还是张嘉佳，他们所出版的作品，从书名上即可感受到非常浓郁的励志情怀，温暖读者的心。所以，粉丝们自然愿意主动翻阅。但如果他们的作品仅仅只是八卦内容，那么粉丝必然会对他的知识能力打上大大的问号。更不要说如吴晓波这样的专业财经达人，他们的作品会更加具有深度，上升至经济、文化的高度，因此更具吸引力和启发性。

带有励志化倾向的作品，让自媒体类网红形象更为饱满；同时，这些作品也会系统地呈现出作者的精神世界，因此更受粉丝的欢迎。归根到底，对于自媒体网红来说，知识储备、专业技能水准、文笔……这些构成了他们成功的核心要素。

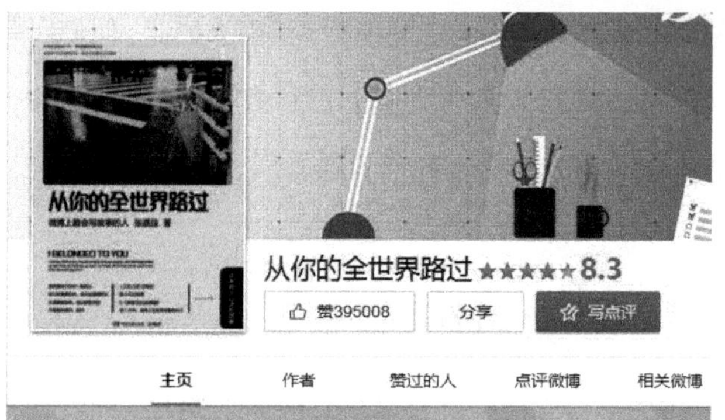

图 3-5　张嘉佳所著的《从你的全世界路过》

3.2
视频主播网红：个性鲜明与嬉笑怒骂

在众多的网红类型中，视频主播网红的规模显然最为庞大，人数最为众多。究其原因，是因为视频直播网红的门槛较低，通常都属于“看脸文化”，只要拥有较高的颜值，那么就很容易吸引到网友的关注。

然而，想要成为优秀的视频主播网红，尤其是能够成功变现的网红，那么视频主播网红同样不能仅仅只有“高颜值”，把自己仅仅定位于花瓶的地位上。“再甜美的蛋糕，也不会有人天天吃”，想要不断吸引粉丝的关注，视频主播网红同样也要提升内涵，让自己的个性更加鲜明，给网友留下深刻的印象。

3.2.1 个性鲜明，刷出自己的存在感

视频直播类网红，主要活跃平台是斗鱼、熊猫 TV、战旗等。这类新型视频直播网站，主打的就是“实时画面、实时互动”，主播不仅第一时间将自己的一举一动呈现在网友面前，网友也能够实时通过弹幕发布留言，无论主播还是其他网友都可以第一时间看到。

新型的直播模式，给主播提出了新的要求：传统直播只是生产与输出，主播不能与网友进行直接互动；但弹幕功能的出现，让网友们不仅是观看者，同

时也是内容生产者——主播必须不断关注网友发布的信息，然后对直播内容进行实时调整，并回答网友的问题等。

所以，倘若主播没有鲜明的个性，那么很难得到网友们的点赞、送花等。试想，当你打开斗鱼APP时，看到主播就像播新闻一般不苟言笑，更不会回复任何网友的问题时，你是否会感到一丝无聊？

因此，视频主播网红具有鲜明的个性，这是生存的基础，吸引粉丝的基础。用甜美的声音，在开场前和大家一起开开玩笑；即使直播内容较为专业，那么也不妨用轻松的语气，提醒网友们应该准备什么。而在这个过程中，别忘了注意网友的弹幕，有选择性地回答问题，这样才能让直播室的气氛活跃起来。

3.2.2 嬉笑怒骂，提升直播间的热度

视频主播类网红与自媒体网红明显不同，他们很难隐藏于文字之后，必须依靠直接的语言交流与粉丝们进行互动。所以，视频主播都必须拥有这样一项技能：善于嬉笑怒骂，反应迅速，对于粉丝的弹幕问题可以快速回答，有时候甚至还会故意“发火”。

小A是某平台的视频主播，具有比较高的人气。有一次在直播过程中，一位网友发出弹幕，问道：“我看你就不像好姑娘！你说，我说得对吗？”随后，还发出了不少污言秽语。一开始，小A并没有在意，毕竟弹幕瞬间即逝。然而，这名网友不断复制、粘贴，几乎形成了刷屏之势。此时，小A突然生气了，在直播的过程中大声说道：“××××，我不明白你为何对我有这么大的成见，要这么一遍遍地攻击我！难道你没有上过学，不知道礼貌这个词是什么意思吗？来这里的朋友，都是为了高兴，而不是见到一只苍蝇嗡嗡叫！我警告你最后一次，倘若

还如此，我立刻将你踢出房间！”

这种表态看似有些失礼，却赢得了粉丝们的一致称赞，各种表扬立刻刷出。而在网友们的一致谴责下，那位恶意刷屏的网友也不得不主动退出。

这就是互联网文化的特质：真实、激烈，毫不拖泥带水。这也是网红之所以受追捧的原因：敢想敢说，让自己真实地呈现在粉丝的面前。

所以，无论哪一个平台，能够聚集高人气的主播，都是嬉笑怒骂的达人，很善于表达自己的情绪，并直接感染粉丝。有粉丝表示难过时，会第一时间送上安慰，甚至送去一首歌；看到粉丝有些得意洋洋时，也会用幽默的方式给他“泼一盆冷水”。这样，主播才能与粉丝形成互动。要记得：视频主播网红，主打就是真人实时互动聊天，如果反应缓慢，需要组织十几秒钟才能做出反应，那么就很容易遭到网友的抵制。

当然，无论如何反应机智、能言善辩，视频主播网红同样需要守住底线：不恶意攻击他人、不满口脏话、不开不恰当的玩笑……否则，就会被网友贴上“素质低、脾气差、不懂礼貌”的标签，那么就很容易形成负面效果。

3.2.3 会热闹，更要有技能

插科打诨、个性鲜明，这只是视频主播类网红吸引粉丝的一个基础。倘若有一定的才能、才艺，那么就将更容易吸引到粉丝的关注。例如斗鱼、熊猫TV中，有一批网红通过吉他教学、舞蹈教学等，与粉丝进行更为亲密的互动，如图3-6所示。尽管这类网红不一定能够跻身排行榜的前列，但是他们的粉丝却是最忠心的：为了通过主播学到知识，他们会时时跟踪主播的动态，一旦收到直播通知，粉丝就会立刻上线。

图 3-6 斗鱼平台的吉他教学直播

可以看到，技能型视频主播，不仅每次的直播内容非常精准，而且还可以形成系列化，如吉他初级课程 24 堂课、吉他中级教学 24 堂课等。正是因为内容的精准化，这类网红更容易吸引到忠诚度极高的粉丝，并逐渐形成社群文化。此时，视频主播不再单单是一个“人”，而是形成品牌文化。

所以，对于有一定技能的主播来说，适当加入自己的才艺展示或课程讲解，将会收获到一批真正忠心不二的粉丝。同时，对于渴望借助网红知名度打开局面的品牌来说，这类网红显然会更加适合品牌的传播。如美妆品牌，倘若可以培养出属于自己的“时尚化妆达人”，定期通过视频直播与粉丝们分享化妆技巧，那么品牌很快就能借助主播的力量被粉丝所熟知。并且，这个过程是真实的、可看到的，而不是单纯的广告发布，因此变现能力会更强。

3.2.4 VR 直播：主播网红的未来发展

2016 年年初，伴随着 VR 眼镜的不断投放，VR 技术显然成为了更为新颖的影片观看模式。很快，这种充满科技感和真实感、立体感的技术，便被直接用于了视频直播的领域之中。

2016 年 5 月，国内 VR 直播正式上线，蚁视与花椒联合开展了 VR

直播平台的活动。就在6月，eDoctor翼多公司就在上海国际会议中心直播VR手术。

很显然，VR直播显然越来越被关注，并将成为未来主流的直播模式。与传统的视频直播相比，VR直播将会更加提升直播效果（见图3-7），打造出全新的“全景直播”概念，届时视频主播甚至会直接出现在粉丝的“身边”！未来的视频主播，给粉丝们带来的福利会更加直接，更加让粉丝们兴奋，因此就连女明星柳岩也第一时间以“网红主播”的身份，高调进入花椒的VR直播平台。

图3-7　Nicolas公司推出的VR视频摄像头

想想看，未来的视频直播平台，将会出现怎样的变化？在虚拟的视觉影像中，粉丝与主播的距离更为接近，彼此更加亲密，甚至主播会给粉丝送上一个吻，而不再只是单纯的一颗虚拟红心！也许在那个时候，视频主播类网红，将会更加成为网红领域里的明星！

3.3 淘品牌网红：做个最懂时尚的人

《2015中国网红排行榜》的公布，让张大奕成为了媒体的焦点，越来越多的年轻人也渴望如她一样，成为网红领域的潮人。而以张大奕为代表的网红，就是网红的一个特殊分类——淘品牌网红。

相比较视频主播、自媒体网红，淘品牌网红的变现途径是最为直接的：其通常开设有自己的淘宝店或其他网店，可以直接引导粉丝进行购买从而实现变现。

不过，正是因为淘品牌的变现渠道看似更为便捷，因此它的难度也更高：凭什么粉丝要进行购买？

3.3.1 对时尚的精准把控

很多人都有一种疑惑：为什么淘品牌网红看起来毫不“素人”，甚至比很多明星还要像明星？

答案只有一个：他们对时尚有着非常精准的把控。无论淘宝红人，还是其他平台的电商红人，他们之所以能够吸引到粉丝的关注，吸引购买，就是因为创造出了一个让普通人也会感受到“你本来就很美”的场景。凭借着对于时尚的理解，淘品牌网红会不断进行组合搭配，让一件件看似来平常的服装，却呈现出了简洁搭配透出的时尚气质，如图 3-8 所示。

这种对于时尚的敏感度，是多数普通人都不具备的。所以当我们点击进入这些店铺时，会立刻感到：“原来这样穿，就能凸显出我娇柔的气质，还能掩盖我的缺点！”

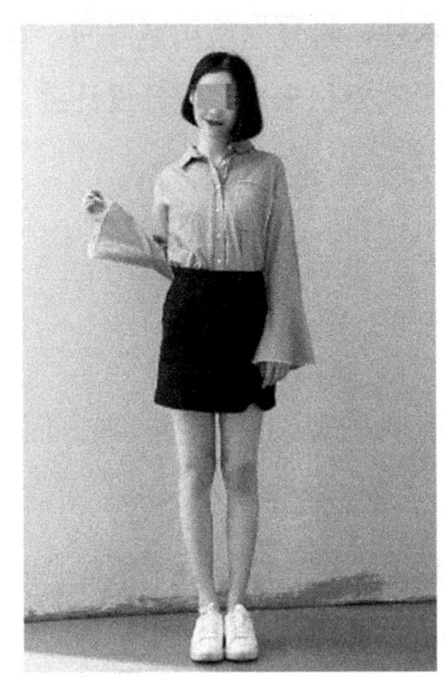

图 3-8 简洁搭配透出的时尚气质

对于淘品牌网红来说，对时尚潮流的精准捕捉，是其赖以生存的基本手段。淘品牌网红与单纯的平面模特不一样，其不但需要站在时尚的前沿，会给粉丝们分享时尚的话题，更需要给粉丝带来精准的建议，而不是单纯的自拍。只有这样，粉丝接受建议，网红与粉丝之间才能形成更好的互动体验，让粉丝感到满足，让自己的人气、变现能力进一步提升，如图 3-9 所示。

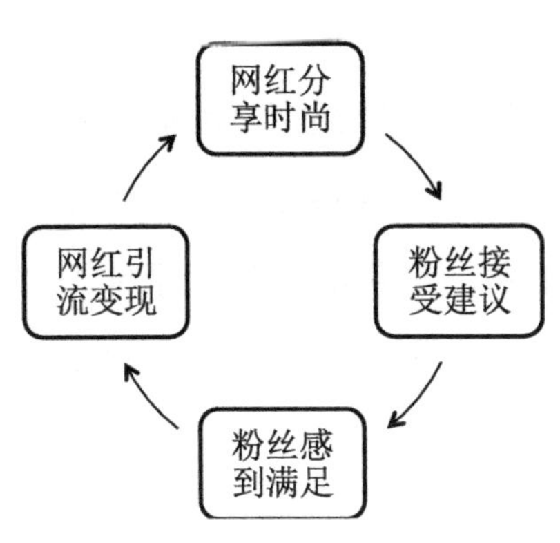

图 3-9 网红与粉丝的良性互动

因此，对于淘品牌网红来说，成功并不是仅仅依靠讨好粉丝即可。对于时尚的把控，也凸显了网红的品味。品味，是不可能弄虚作假的。只有拿得出手的作品——服装、鞋帽、化妆品，才可以让粉丝愿意消费。为什么瑞丽的模特很容易转型成为淘品牌网红？就在于她们一直都知道时尚潮流的变化，因此做出的推荐、衣服的搭配都让人感到眼前一亮。

在表面的时尚光鲜之下，淘品牌网红还必须沉下心来去学习，了解时尚的动态，摸准时尚的脉搏。正如淘宝红人店店主陈小颖所说："我从 2014 年开了自己的网店，开始自己设计衣服，同时也为自己的衣服品牌做模特，到世界各地拍摄自己设计的服装。在这个领域，未来拼的是设计，只有设计足够时尚，能够紧跟潮流，这样才能真正让粉丝们感到品牌的影响力。未来，提升设计感，对时尚有更精准的把控，这是我们的追求的目标。"

3.3.2 自身就是时尚的风向标

说到淘品牌网红，我们会立刻联想到这些词：大长腿、白皙皮肤、姣好面容、懂得穿衣搭配……的确，几乎所有的淘品牌网红，都是时尚的代名词。

从网络图片即可看出，张大奕无论从外貌还是从穿衣搭配，都尽显"时尚教主"的气质。而当我们再看看她的履历，更会发现她一直走在时尚的最前沿。

> 张大奕作为模特出道，是淘宝素颜大赛第一名得主。除了《瑞丽》之外，她还时常出现在《米娜》、《昕薇》等时尚杂志的内页服装搭配中。

尽管张大奕曾经表示：说自己只是一个上新时会刷屏的小小私服缔造者。但不可否认，有过模特的经历，并且能在各大时尚杂志中频繁露脸，就说明了她本身就是一个充满时尚感的女生。因此，当这样的女生出现在社交平台之时，自然会让粉丝们感到"养眼"，愿意学习她的穿着、化妆技巧，愿意接受她的推荐。

所以，想要成为淘品牌网红，倘若自己不够时尚，那么一切都是纸上谈兵。记住，淘品牌网红有一个基本原则：喜欢抛头露脸，并且时尚感十足，而不是在幕后深藏功与名。

3.3.3 互动、互动再互动！

网红时代，一大批如张大奕这样的网红通过淘宝平台赚得盆满钵满，但不难发现：无论淘宝直通车还是竞价排名等，这些网红知名店极少参与。那为什么他们的店依旧可以获得极高的人气？

最主要的秘诀，就在于他们放弃了去淘宝网页上投广告来吸引流量，这种模式太商业、太传统，也太复杂。淘品牌网红的主要推广阵地，就在微博和微信这些社交平台，并依托于它们发展出了自己的社群文化。每天，网红需要用大量的时间来经营和回复粉丝们的留言，用高频次的互动来消除和粉丝之间的距离，建立信任感。这种模式，既给粉丝们带来了真实的情感，同时也会让自己的形象更加饱满，远比纯粹的商业手段要更具人情味，更有情怀。

这就是为什么，阿里巴巴会高调入股新浪微博平台，直接打通电商平台与社交平台的沟通渠道，让网红可以在微博与粉丝互动的同时，直接进行销售变现，因为“电商 + 社群”的模式，成为了淘品牌网红发展的必经渠道。

所以，想要成淘品牌网红，就必须学会社群建设，必须懂得用社交媒体进行互动。如果做不到这一点，那么即便对时尚的把控十分精准，也很难形成高黏性的粉丝群体。

3.4
草根式网红：最接地气才最受欢迎

王思聪、张大奕、咪蒙……这些都是我们耳熟能详的网红代表。不过，也有人并不认同他们是真正的“网红”，因为在成为网红之前，无论王思聪、张大奕还是咪蒙，都在自己的行业中取得了足够优秀的成绩，尤其是王思聪，这位贵为“万达集团大公子”的“富二代”，一直都是网友们的重点关注对象。

换而言之，这些高居排行榜前列的网红们，“草根气质”不足。因此，有人将其称作“大咖网红”。大咖网红天生自带光环，因此很容易吸引到大流量，获得变现渠道；而与之相反的，则是真正的草根一族。想要成为草根界的网红，就必须足够接地气、足够多元化，才能逆流而上吸引网友的关注。

3.4.1 将“自黑”进行到底

自黑，即“自我嘲讽”的意思。对于草根式网红来说，“自毁形象”是必不可少的“耍宝”手段，一旦运用得当，很快便会得到粉丝们的一致追捧。

“艾克里里”是从2015年突然走红的草根网红。成名之前，他也开设了微博，不过评论数和转发量都非常低，是最普通的“路人”。而从2014年开始，他开始在微博频繁上传原创搞笑视频，尤其热爱自黑。结果，他的人气迅速爆棚，微博评论和转发量变成成千上万。2015年7月，他发布的一条自黑视频转发量超过1万次，评论数超过5万，42万人为其点赞，如图3-10所示。

图3-10　艾克里里的自黑微博图

为什么草根式网红更热衷且擅长自黑？因为他们深知，自己能够跻身网红行列，与王思聪等有着本质的不同，倘若依然“高高在上”摆架子，必然会受到网友的排斥：“曾经的你，和我们有什么不一样？”自黑，就意味着承认自身的不完美，在别人刚刚发觉自己错失的时候，率先接招，将错失化为笑料，这样一来，自己反而会给网友们留下“玩得起”的印象！

自黑的特点，就在于让自己更加生活化，与网友的距离更为拉近。因此有人说：“自黑既是一种境界，也是一种沟通方式。”网红甘愿表现出自己幽默可爱的一面，也会给粉丝群带来无穷无尽的话题，所以何乐而不为呢？

所以，不仅草根网红开始走上自黑的路，就连明星也爱上了这个“活动”，例如杨幂、刘烨等。当然，想要自黑得有水平，必须要拿捏好分寸，而不是单纯地敢于拿自己开涮。只有充满幽默感的内容，才能让自己的形象更为接地气，这需要一定的创意和对时机的精准把握。

不仅是国内的网友，就连外国网友同样喜欢敢于自黑的人，甚至连奥巴马也加入了“自黑”的大军。2016 年，奥巴马的各种表情包火遍互联网，而他并没有表现出任何不快，反而还拿此事自我调侃，一副乐在其中的姿态。

美国总统尚且如此，更何况想成为网红的各位呢？

3.4.2 “卖萌耍宝讲段子”

除了自黑，草根式网红还需要具备“卖萌耍宝讲段子”的本事。倘若没有这样的本领，根本无法走进网红的大门。

在社交媒体与粉丝进行交流，最关键的一点就在于“互动”。只有敢于卖萌耍宝讲段子的人，才能第一时间吸引到粉丝的关注，从而形成互动效果。所以，卖萌耍宝讲段子，都是为了让自己的传播方式更具亲和力和话题感，甚至成为互联网热门话题。

例如 2015 年突然走俏的穆雅斓，就是凭借这种模式成功跻身一线网红行列，如图 3-11 所示。

图 3-11　网红穆雅斓的耍宝卖萌图片

2015 年 6 月，穆雅斓发布了一段视频：她自己在一秒钟后变身“女神经”，一会儿在公交车上演男人，一会在地铁里表演泪如雨下的失恋女子，甚至，还旁若无人地变成了“金刚葫芦娃”。这则视频一经发布，立刻点燃了整个微博，甚至影星邓超也直接转发，并写下“谁能帮我找到这位疯一样的女子，《恶棍天使》可以有她！”的评论。

靠着卖萌耍宝的本事，穆雅斓火了，并且火得一塌糊涂。2016年2月17日，她参加《偶滴歌神啊》第二季娱乐节目；2016年3月8日，在2015年中国网红排行榜中，她排名第8。毫无疑问，穆雅斓创造出了草根网红的典范，给所有渴望成为网红的普通人上了非常重要的一课。

除了如穆雅斓这样靠卖萌耍宝迅速成名的网红，还有一类就是段子手草根网红。这类网红通常以文字的模式与网友互动，但和自媒体网红稍有不同的是：他们的内容更为简短、有趣，虽然没有什么价值却极富娱乐精神，因此同样展现出了极高的亲和力。例如以麻辣点评而出名的“留几手”，尽管很少爆出自己的照片，不走那种“卖萌耍宝”的路子，但凭借着“段子手”的能力，同样火爆于网络之中，如图3-12所示。

留几手

2015-3-28 23:50 来自 微博 weibo.com

我手机里没有任何陌生人社交软件，网友的私信一条不看，身边没有任何异性朋友，老妹儿。为啥呢？因为过了那个为女人冲动的年龄了。哥现在是社会大哥，每天风风火火谈的是利国利民的大工程，喝酒品茶盘珠子，骑马射箭泡澡。整个人的状态可以用两个字形容，就是：从容。

收藏 1694 4455 13900

图3-12　留几手微博段子

3.4.3 草根网红的原则：平民化视角

无论自黑还是卖萌耍宝写段子，这些模式都点出了草根式网红的核心所在：平民化视角。草根式网红出身普通，所以他们更能够代表广大网友的喜好和认知，因此“平民化”是他们共同的标签。

为什么草根网红的粉丝会接受推荐，购买相应产品？因为粉丝信赖推荐的这位网红，他更像我们身边有品位也愿意交流的朋友。所以，我们很难看到草根化网红推荐的产品是诸如 LV、迪奥这样的奢侈品牌，因为这些品牌与粉丝的距离太过遥远，根本无法产生共鸣。所以，草根化网红的背后，是人格化的品牌“返祖现象”：什么样的社会地位，追求什么样的品牌；太过奢侈的品牌，反而会让自己显得更加虚伪，追求华而不实。

同样，草根网红发布的内容，也多数是我们身边的场景：公交站、地铁站、校园等。在粉丝的眼中，草根化网红比自己更有品位、更能接触到品质生活，但并不夸张，这样才能与他们的“草根身份”相吻合，才能与自己的审美和认知相吻合。所以，对于草根化网红来说，保持自己的草根精神，不与粉丝群体产生脱节，这样才能保证自己的人气不流失。

3.5
事业型网红：将网红进行到底

事业型网红，是2015年年底开始逐渐走俏的网红类型。在经历了自媒体网红、视频网红、淘品牌网红的轮番轰炸后，网友对于网红的追逐开始日趋理性，渴望看到更成熟、更有深度的网红诞生，以此让自己不仅能感受到互联网的趣味性，还能通过“榜样的力量”，学习到足够多的经验和知识。因此，事业型网红开始逐渐走俏。

与其他类型的网红相比，事业型网红显然增加稳重，分享的内容也多为创业、职场方向，因此这也受到了创业人士和职场白领人士的欢迎。

3.5.1 分享创业理念

事业型网红，很大一部分都积极投身于创业领域，并且较为集中在新兴产业，如互联网应用、互联网信息、移动端开发或智能产品开发等。为什么会集中在这些领域？因为对于互联网而言，最活跃的人多数集中于20~40岁之间，他们关注新鲜事物，喜欢互联网带来的全新变化，因此更为关注互联网领域的创业项目。

所以，不是传统产业，如钢铁制造、矿业开发等创始人不能成为网红，只是这些领域离普通网友的生活过远，很难激起他们的兴趣。

在创业类网红中，朱增辉可谓是最典型的代表。

2016 年 7 月，“辉比寻常”创业励志演讲会在长沙曙光 798 演播厅完美落幕。朱增辉面对线上、线下 20 多万名观众，讲述了他的创业历程和心得。短短 1 小时的演讲，通过线上直播收看的观众超过 24 万，线上评论超 1200 条，势头完胜一众网红。

朱增辉之所以得到了网友们的广泛关注，就在于他把握住了“网红经济”的命门：将自己塑造成一名网红，积极与粉丝互动。并且，他还不断在社交平台上分享自己的各种创业心得，给网友们带来了实打实的干货，甚至分享出集团新业务的点点滴滴，给网友带来了非常大的帮助，如图 3-13 所示。

朱增辉先生

3月3日 21:01 来自 vivo智能手机

创业者如何提高做事的效率？我想是很多创业者困扰的事情，我不是很聪明，所以我的做法比较笨，但是却很实效，就是当天晚上花10分钟时间将每天要做的事情一一罗列出来，当一天结束后再一件件核对是否已经完成，我的原则是今日事今日毕，我想这也算做事高效的好习惯吧，和大家分享不求赞。

2016年3月3日 下午8:37

朱增辉3月4号（明天）工作事项：

1、上午9点4月23日发布会宣传片拍摄工作落实；

2、9点30知客APP技术团队开会；

3、10点20和助理廖晨沟通发布会企业家邀约事宜、和蒋毅沟通心态；

4、11点知客命名团队开会；

5、11点30分与金州律所甘律师沟通知客用户协议定稿及《核心员工工作保密及禁业协议》确稿；

6、3点接待云拓集团杨总拜访

7、4点30与河北分公司总经理刘超沟通7月份搬迁及目前人员招募问题

8、5点与人保财险公司确定战略合作方案

图 3-13 创业网红朱增辉的微博分享

所以，与其说朱增辉是在和粉丝们互动，倒不如说朱增辉在给粉丝“授课”：

创业的路上需要注意什么？你到底适不适合创业？因为朱增辉本身就是一名创业人士，所以他的讲述也更为真实，更能贴近渴望创业的年轻人，因此自然好评如潮。

其实，诸如雷军、周鸿祎等人，也是不折不扣的“创业网红”。当我们看到小米、360之时，是否也会第一时间想到雷军、周鸿祎？而他们恰恰是社交平台的活跃分子，经常分享公司的发展经验。当网友成为了他们本人的粉丝，自然也就成为了品牌的粉丝。

3.5.2 分享职场心得

还有一类事业型网红，则将侧重点放置于职场领域。有一个人，其实就是职场网红的代表：杜拉拉。这个虚拟化的人物，存在于小说、影视之中，却似乎又在我们每个人的身边，因此有关杜拉拉的话题出现于网络之时，总会形成非常热烈的讨论。

从这个角度上来说，杜拉拉不仅是“职场网红”，更是一个大IP。在网红这个词尚未火爆之时，她已经有了这方面的“天赋”。

尽管就目前来看，职场领域尚未诞生出超级网红，但可以预见：随着网友对网红追求的不断细分化，着眼于职场的网红必将很快诞生。也许把握这个机会，那么在职场打拼的人，很有可能脱颖而出，不仅让自己成为备受瞩目的网红，甚至还会给所在企业带来意想不到的广告效应。

那么，职场网红想要成功，必须做到哪几点呢？

首先，让自己的话题精准在职场领域，如工作中的小趣事、职场上的励志鸡汤；

其次，与网友频繁互动。尤其是对于职场问题，尽可能做出专业、精准的回答；

再次，不定期晒出自己的工作照，并配合适宜的心情文字。有图有真相的时代，总是隐匿于互联网之后很难赢得网友的欢心；

最后，则是不妨适当展现企业 LOGO、办公环境等，给企业带来“植入式”的推介。

3.5.3 精准定位，细化职场技巧

借助某一类精准的职场技能，从中不断挖掘内容，同样可以打造出高端的事业型网红形象。就像以制作 PPT 为大家所熟知的秋叶大叔，就在职场技能领域成为了“网红第一人”，如图 3-14 所示。

图 3-14　秋叶微博 PPT 素材分享

可以说，在我国的职场技能培训领域，秋叶的名气无人不晓，很多年前就

已奠定了其成为“网红”的基础。更难能可贵的是，秋叶也率先进行了社群建设，因此目前秋叶的职场培训已经不限于PPT，同时还在网易开通视频专属课程等，微信、QQ群也都有数量庞大的社群组织，形式非常丰富。

为什么秋叶能够在职场培训领域成就一番事业？因为对于职场白领而言，PPT是最常使用的办公工具之一，并且不同于Word、Excel，它还体现了一个人的审美观、计算机操作水准等，因此秋叶击中了职场粉丝的痛点，很快便成为该领域的领军人物。

秋叶的成功，给我们带来了非常大的启发：只要你有足够的职业技能水准，那么通过对此不断深度挖掘，进行长期系列化的分享、交流，那么很快就能拥有一批忠实粉丝。例如，我们对Photoshop有着很深的见解及丰富的经验，那么就可以通过微博、微信乃至视频直播平台进行经验分享，从而让自己成为该领域的“达人”！

3.5.4 成熟稳重：事业型网红的基本素质

乍一看，成熟稳重似乎并不是一种技能，不会给粉丝带来任何的实质帮助。但事实上，对于事业型网红来说，成熟稳重却直接反映了其道德水准、创业心态等。也许，对于视频主播网红来说，有时候和网友掀起一场“骂战”，会被人评价为“真性情”，因为网友对于他们的定位，本身就是“娱乐”。但对于事业型网红来说，如果总是陷入与网友的对战之中，很容易让更多网友感到他的心态失衡、形象欠佳、有辱斯文。毕竟，事业型网红代表的是奋斗、理想，而不是“娱乐精神”。

更严重的是，如果事业型网红不注意自己的言行举止，甚至还会影响到品牌本身的形象。“创始人每天污言秽语和人争斗，哪有时间管理企业、研发产品？这样的品牌不值得信赖！”相信很多网友，都会在心中产生这样的认知。

这一点，在锤子手机创始人罗永浩的身上表现得淋漓尽致。

2014年，罗永浩正式宣布：“我已经向公关部门交出了微博密码，现在我微博上说的每一句话都是他们审核之后才发表的。”

罗永浩堪称网络红人界的鼻祖，《罗永浩语录》曾经受到了网友们疯狂的追捧。那么，一向以敢想敢说、善于开炮闻名的罗永浩，为何会在建立了锤子科技之后，选择不再咄咄逼人、口出狂言？因为此时的罗永浩已经是一名企业家，他的一举一动不仅体现着其个人的风格，更体现了锤子科技的形象。当罗永浩在微博上一再与网友陷入骂战之时，不仅很多人对锤子手机打了问号，甚至还引起了投资方的反感，因此罗永浩不得不选择审核机制的介入，以此让自己变得更稳重，更让人信服。

同样的经历，曾经也出现在魅族手机创始人黄章的身上。因为与网友开骂，黄章也曾被网友口诛笔伐，甚至还有人掀起了“抵制魅族”的活动，使得黄章之后也低调不少。可见事业型网红倘若不够成熟稳重，会对企业和个人带来怎样的后果。

所以，当我们开始了事业型网红的探索之路，无论之前有着怎样的生活态度，请记住：此时的你，不仅代表自己，更代表整个品牌，请注意自己的言行举止！

3.6
社群型网红：真正的红人 IP

如果说，视频主播网红、草根网红、事业型网红多主打个人，很多工作通常都需要自己完成，多数被称作焦点型网红，那么社群型网红，显然就更具规模化和团队化。与焦点型网红不同的是：社群网红拥有非常强大的个人影响力和品牌号召力，因此形成了很完整的粉丝体系，管理员、意见领袖、活跃分子……金字塔式的结构，让社群型网红成为了网红领域的集大成者。

社群型网红的特点，就在于红人本身的 IP 价值极高，对粉丝非常有影响力。同时，结构完善的社群组织，也让话题性得到了极其丰富的延展，产生很强大变现能力。无论“打赏”还是“背书”，都会有粉丝和品牌厂商蜂拥而至。

例如，2009 年就开始走红的“毒药”，堪称互联网界最早发展社群文化的视频网红。凭借着高颜值和出色的唱功，时至今日，“毒药”依旧具有极高的人气，视频观看人数达到数百万。并且，“毒药”的社群还发展出了自己的专属口号：“天南地北，毒药最美”，无论微博、YY、贴吧，这句话都是最常见到的。

正是因为社群运作的极为成功，因此相比较其他的视频主播来说，“毒药”的影响力也更为强大，受到了资本市场的广泛关注。在 YY 平台，“毒药”每个月都能带来数百万的现金流，因此 YY 也花重金与其独家签约，成为了平台的代言人，甚至，她的名字还登上了 YY 在美国 IPO 时的招股说明书！

同样，papi 酱也是社群运营的典范。可以预见，未来社群网红才是网红的主流，才能立于网红领域的金字塔尖。

3.6.1 从个人到品牌：网红的必然“归宿”

网红经济尽管炒得火热，然而不少人却认为：这种模式有先天的不足，那就是过度依赖网红个人，不确定性风险因素多，因此难以实现可持续发展。这个道理其实很容易理解：倘若网红本人出现了负面新闻，那么很快便会被放大、发酵，被粉丝们所抛弃。因此，单纯的焦点型网红，并不利于自身长远的发展。

那么，该如何解决这个问题呢？向社群型网红发展，是解决的唯一之道。网红想要持续保持影响力，关键还得懂得聚敛社群势能，多渠道聚集粉丝，发展社群经济，完成从个人到品牌的转化，实现数据价值的商业变现。所以，网红必须形成品牌号召力，而不是单纯地依靠一个人打拼。“网红经济只是一个过渡”，这已经成为众人的共识。

例如，互联网家电品牌 SKG 就开始尝试利用社群模式进行红人品牌推广。SKG 推出了一系列的代言人活动，入选成功的人会成为 SKG 品牌红人。他们中有企业创始人、媒体人、行业精英等，这些用户既有代言人的气质和形象，也具有说服力和亲切感。而通过不断的社群建设，如微博互动、贴吧主题创作，同时 SKG 品牌引导粉丝参与各种各样的活动，因此效果非常好。所以，SKG 的目标就是“立足于大社群，寻找真正适合自己的定位和思路”。

社群型网红，经营者已经不再是网红本人，而是依靠群体的力量：粉丝、团队、社群达人，这些都将成为品牌的组成。所以，社群型网红，将会形成品牌价值，并直接凸显出这四个要素：网红内容策划能力、粉丝运营能力、变现能力（需要懂电商懂软广告）、个人魅力，如图 3–15 所示。

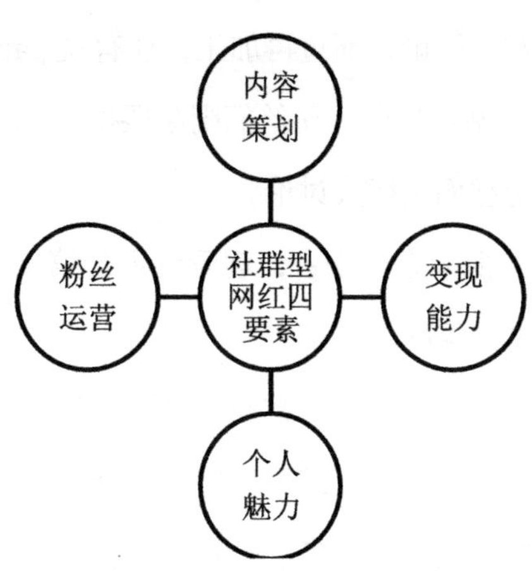

图 3–15　社群型网红四要素

从四要素中即可看出，社群型网红本人仅仅只是网红的直接体现，即个人魅力；而其他环节，则需要进行团队化运营。因此，这样的网红生命力显然更强，策划的活动传达出的理念也更为精准、高效，在提升变现能力的同时，大大延长网红的生命力。

3.6.2　丰富场景带来的丰富社群内容

社群的特点是什么？就在于场景的丰富化。在互联网领域，微博、微信、YY、贴吧，不同的平台，组成了不同的场景特点，从而吸引到不同的粉丝群体。所以，papi 酱无论微博、优酷还是其他平台，都能看到专业维护的迹象。不同的话题，让每一个平台的粉丝都能找到“家”的感觉，papi 酱成为了整个社群的核心，所有内容都围绕着她展开。图 3–16 是粉丝为 papi 酱创建的专属贴吧。

图 3–16　papi 酱的专属贴吧

微博战场，网友们的互动多在于

转发、评论，通过再加工，让有关 papi 酱的内容更为丰富。

贴吧战场，粉丝们则会根据 papi 酱的特点，发出一个又一个的讨论帖，引发粉丝们进行大讨论。

视频直播平台，观看者则会第一时间进行弹幕刷屏，营造出一种非常热烈的讨论氛围。

每一个平台，都有与众不同的特点，因此无论有着怎样互联网习惯的网友，都可以找到自己最喜欢的那一个。而你一旦进入，当社群小秘书进行积极引导、社群领袖诱发思考、社群活跃分子广泛炒热气氛之时，也很容易被这种氛围所感染，因此很快进入组织，让整个社群又一次壮大。

以歌手胡夏的歌迷会为例，我们可以清晰地看到，这个社群已经形成了非常强烈的场景化管理。

官方后援会：胡夏后援会，由后援总会及海内外各地区后援会组成。

后援会组织架构：招新组、投票组、周边设计组、直播组、客户端组……

地区分会：全球共有 28 个地区分会，并不断增加之中。

后援会主要线上活动阵地："胡夏官方粉丝团"新浪微博、胡夏百度贴吧、胡夏全球后援会论坛、胡夏后援官方 QQ 群。

活动基金：由于地区应援活动时需要制作灯牌、手牌、横幅等各种应援物为胡夏造势，还需筹备其他活动所需物资，因此设立活动基金，鼓励成员参与，以此制作胡夏专属产品。

监督机制：地区分会在有活动的时候需要临时收取活动费，金额以不超过 20 元为原则，按实际状况调整。而各地区必须及时整理账目明细，公示在贴吧，以供"虾米"（胡夏歌迷的名称）监督。各地区活动账目将定期公示于贴吧或论坛。

尽管这样的社群主要由网友自发组成，但可以看出其架构非常完整与成熟，不再是互联网 1.0 时代的歌迷会那般一盘散沙、较为松散。每一个结构点，都设定了相应负责人，并且在贴吧、论坛等进行公示，供广大歌迷进行监督。同时，这些社群管理者，也会根据自己的特长精准分工，如微博组、微信组、地区分会等。

细分化的管理体系，让每个人都可以轻松进入自己熟悉的场景：一个在微博世界中的红人，同时又是胡夏的歌迷，自然会在微博平台上展示出极高的活跃度。当每一个小组都能进入所熟知的场景，例如湖南分会主打长沙等地的胡夏见面会、歌迷聚会，那么这个细分社群就会产生与众不同的社群文化，更具地域特色。同时，官方后援会提供相关的海报设计、贴吧直播、活动策划等，让各个细分社群既统一又独立：在共同的爱好之上，会根据地域、平台等，创造出无数个风格迥异的场景！

场景的丰富，就会给胡夏带来积极的反馈：胡夏的人气非常高，尤其对于年轻人来说，如果不知道胡夏，就意味着 OUT！此时，胡夏再根据社群的反馈，不断进行演出市场探寻、微博互动等，就会快速形成高人气。人气的提升，就意味着变现渠道的凸显！

这就是社群的魅力，可以创造出各种丰富的场景，如讨论、创作、留言、线上活动、线下聚会等。而不同细分社群交叉互动，创造出更多的场景，因此红人的影响力又一次提升，创造出更大的价值。

所以，相比较焦点型网红，社群型网红将会形成“官方 + 粉丝群”共同经营的模式，官方仅仅只做引导，更大的权力会交给粉丝群，即社群成员。这是未来网红发展的必经之路。

而对于如何构建、发展网红的社群模式，在本书的第五部分将会展开详尽完善的分析，帮助每一个网红成功建立起自己的“社群帝国”！而越来越被互联网观察家认同的这句话，也成为了网红未来的发展趋势：“网红经济不过是‘过客’，社群经济才是未来的目标！”

3.7
如何选择最适合的网红类型

自媒体网红、视频主播网红、事业型网红……每一种网红，都有截然不同的特点，正所谓“网红千面”。因此，越来越多的人也渴望自己能够成为网红。那么，我们真的有成为网红的潜力吗？哪一种网红，最适合我们自己？

3.7.1　趣味测试：你是否能成为网红？

首先，让我们来做一个简单的测试。通过这几道题，我们就能简单判断自己是否可以成为网红。

你喜欢自拍吗？

A. 我自拍并不是因为自恋，而是记录自我的美好时光

B. 我不喜欢自拍，第一不上镜，第二懒人一个

C. 我非常喜欢自拍，因为自拍能给人带来愉悦的心情

做出自己的选择后，接下来我们来看答案分析。

选择 A，说明具备一定的网红潜质，善于抓住每次展示自我的机会。不过，它也暴露了你的一些问题：交际圈较窄，很多时候是为了取悦自己。所以，如果想要成为一线网红，那么就必须拓展自己的交往圈，认识更多“圈内”人士，

提升自己的出镜机会。既然你对自己非常自信，那么又何必拒绝更大的舞台呢？

选择 B，很遗憾说明你不适合成为网红。潜意识里，你对网红有一定排斥，尽管你会关注网红、喜欢网红，但如果真的让自己成为网红，你会有一百个不愿意。很多时候，你之所以关注网红，仅仅只是将其看作“小丑”，给自己的生活带来点热闹。

选择 C，说明你非常适合成为网红！你热爱美，也很善于发现生活中的美，并愿意主动和他人分享。同时，你的面容、身材也让人傲视，有了“颜”的资本；更重要的，则是你非常熟悉各类社交平台，如微博、微信等，因此愿意主动贴出自己的照片。此时，如果可以找准自己的定位，用合理的手段进行包装，那么很快就能跻身网红行列。

是否喜欢自拍，并不代表真的对“自拍”本身感兴趣，而是表明了你是否敢于展示自我。无论哪一种网红，倘若没有这种心态，那么都不可能走进网红的大门。网红的世界，拒绝扭扭捏捏，拒绝千人一面，更拒绝那些不敢表达自己的人。

当然，我们也不必因为这样的“趣味测试”就给自己贴上标签，认定自己没有成为网红的机会。开始提升自己的自信心、学会与更多的人进行交流，尤其能够在各大社交平台活跃起来，那么渐渐地你也将获得成为网红的潜力。

3.7.2 找到自己的特质，不断走下去

想要成为网红，最忌讳的就是“跟风”。今天看到 papi 酱的小视频火爆网络，也拿起手机录上一段；明天看到张大奕的网店经营得红红火火，也产生了想要做“淘品牌”网红的心态。结果做来做去，最后发现没有吸引到任何一名粉丝，反而还因为硬件的投入花费不菲。

正是因为“跟风”，让自己迷失在了网红的世界里。网红的成功看似简单，

但其实同样深藏学问：papi 酱之所以能够受到欢迎，就在于她本身学历很高，知识储备丰富，并且毕业于中央戏剧学院导演系，可以说对视频拍摄、剪辑等有着非常扎实的基本功，所以拿出来的作品看似普通，实质却充满了专业的技巧与态度。最重要的，则是通过了对影视知识的专业学习，她知道如何把握观众的心态，因此推出的视频自然能够脱颖而出

再如张大奕，她本身是《瑞丽》等时尚杂志的模特，本身就非常了解时尚和时尚圈，人际交往广泛，第一时间可以接触到最新鲜的时尚动态和潮流，因此当她开始主推时尚类服装时，目标自然是非常精准的。

因此，不要总是看到网红风光的一面，背后他们有足够的相关知识去做支撑。即便二线、三线网红，也都曾在自己的领域做出过不错的成绩。“东施效颦”，只会让自己淹没在这些高手之中。

那么，究竟哪一类网红才最适合自己？唯一的方向，就是找到自己的特质。你有什么样的特质，就意味着有怎样的网红之路。就像“斗鱼烧烤哥”，他没有遵循任何一个网红的成功之路，在自己的烧烤生意上大下功夫，结果同样笼络到了数万名粉丝，这就是最好的例子。

例如，倘若你有足够的漫画水准，那么不妨在微博开设“漫画分享”，给粉丝创作漫画头像，然后发布在微博之中，久而久之，你就会吸引到固定的粉丝群体，甚至受到品牌厂商的青睐。

倘若你是一名音响爱好者，那么也可以定期发布自己的音响推介赏析，并主动回答网友的提问，形成很好的互动。这一点，微博上的“耳机林 sir”无疑是典范。通过不断的耳机评测、网友互动，“耳机林 sir”已经成为发烧设备的第一网红。

即使你没有足够的专业技能，但是非常擅长讲笑话、写段子，那么也能成为高人气网红。找准主题点，不断挖掘内容，只要足够风趣幽默，一段时间后

也必然会受到网友的关注和欢迎，例如“快递员吴彦祖”，如图 3-17 所示。

快递员吴彦祖

2015-7-31 17:27 来自 艳艳的iPhone

刚才有个小女孩好萌啊w！！她打电话给我而且是用很快的语气跟我说「快递君！！请你帮我查个件我这个件非常的急！！所以请你务必帮我查！！！单号我忘记了！！我的名字是高红红！！孙红雷的红！！查到了麻烦给我回个电话或者短信，谢谢快递君！！」嘟嘟嘟嘟嘟嘟……

收藏 | 799 | 1150 | 17259

图 3-17　快递吴彦祖的微博段子

总而言之，没有所谓“最好的网红类型”，只有“最适合你的网红类型”。找准自己的定位，不断发挥出自己的特质，那么你就能成为下一个网红！

Part4

无粉丝不网红，“吸粉”的六个策略

“无粉丝，不网红”。网红之所以能够走红网络，就在于无数粉丝的喜爱与追捧。试想，一个每天频繁发布微博的人，留言量却不到十位数，关注者只有零星的几十位，这样的人怎么可能“红”？没有粉丝，就意味着在互联网世界中毫无影响力；没有粉丝，就意味着根本无法产生商业价值，一切变现都是奢望。所以，无论网红的定位如何，都要学会在各大社交平台精准“吸粉”的技巧，例如微博、微信、贴吧……只有学会巧妙运用互联网的各种平台，才能吸引到属于自己的粉丝群体！

4.1
信任、信任，还是信任！

网红靠什么生存?

有人会说:“靠流量的变现”; 有人会说:“靠品牌的代言”; 还有人会说:“靠投资机构的融资！”

网红生存的资本只有一个：粉丝。

无论流量、品牌代言还是投资，如果没有粉丝的支持，那么“红”又如何体现？所以，对于所有的网红来说，与其整天琢磨如何吸引到投资，如何成功代言品牌，倒不如静下心来，想一想如何“吸粉”。正所谓“无粉丝不网红”，倘若没有大量粉丝的支持，那么也不会有任何品牌和机构来关注你，即便开设了自己的淘宝店，但却毫无流量，一切都等于零。

所以，当找到了定位之后，接下来就需要开始在不同的平台进行“吸粉”。无论对于个人网红还是企业网红而言，这一步都是必不可少的。

无论 papi 酱、张大奕、张琪格这样的娱乐化网红，还是雷军、罗永浩这样的企业家网红，无一例外，他们都是粉丝心目中的焦点，一举一动都被放在聚光灯之下。为什么粉丝会对这些网红的话“言听计从”？因为，粉丝对于他们有着无比的信任。

信任，是网红与粉丝交流的基础。倘若丧失了信任，那么网红必将不再“红”。所以，网红必须不断提升自身的“信任属性”，如成为粉丝的“神”、与粉丝人性化的交流模式、忌“口不择言”等，这样才能做到大规模地“吸粉”，如图 4–1 所示。

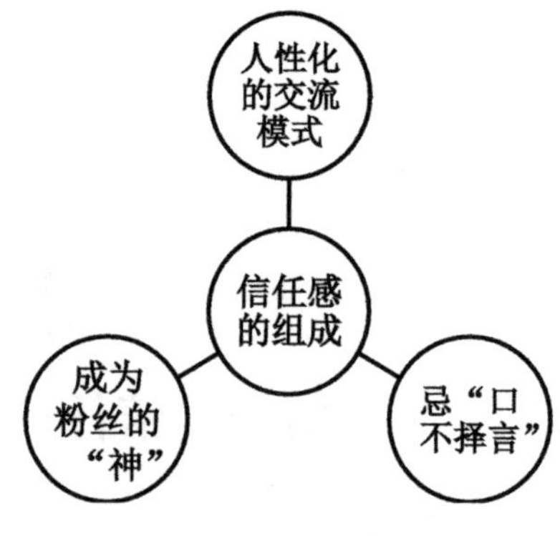

图 4–1　网红信任感的组成

4.1.1　给粉丝们一个“造神”的机会

苹果之所以能够成为粉丝黏合度最高的品牌，很大程度上在于乔布斯这个“大神”的存在。而网红站出来曝光自己，用真实的态度发表意见，尤其是具有深度、话题性的内容，会让粉丝产生强烈的敬意，推崇备至。

> 2015 年，斗鱼平台某主播遭到网友的恶意攻击，为此，她停止正在直播的舞蹈节目，开始讲述自己的成长历程，并一再表示：正是因为热心人的帮助，才有自己的今天，要懂得感恩。唯有带着正能量的心态去看待世界，这个世界才是美好的，内心才是阳光的。这位主播的一番真性情流露，赢得网友一片赞誉，迅速吸引了数以千计的关注度，被网友奉为“励志女神”。

粉丝们也需要榜样，需要“神”，如果“精神领袖”给了他们这样的一个机会，那么粉丝对品牌就会更加信赖，因为他首先信任的是“神”。罗永浩就是典型的例子，互联网初期他就建立了“睿智、善辩、幽默、自我”的神话，所以锤子手机刚一上市不用多少宣传，就能立刻形成热门话题。

4.1.2 忌“口不择言”丢失粉丝

网络时代，网红主动与粉丝交流会大大提升自身形象，拉近与粉丝之间的距离，成功吸引更多粉丝，雷军这一点就做得非常优秀。观察雷军的每一次曝光，会发现：雷军虽然经常“口出狂言”，但很少炮轰，基本上只是围绕着小米做文章。所以，雷军的每一次亮相，都会被米粉们反复传颂，成为米粉的一种“自豪源泉”。

所以，在米粉的眼里，尽管雷军也有瑕疵，但整体形象却是正面的。与之相反的是90后老板、“超级课程表”创始人余佳文，曾经公开表示要给员工一个亿的分红，但随后又用各种借口选择后悔，甚至引起了周鸿祎等“大佬”的反感。这种出尔反尔式的曝光，很容易给品牌带来致命伤害，所以在新一轮的“超级课程表”融资中，一直支持他的阿里巴巴集团也不见了身影。更重要的，则是这名曾经的“90后榜样”，遭到了网友们的一致口诛笔伐，甚至原本喜欢他的粉丝也宣布非常失望，从此成为他的“路人”。

4.2
社交平台的“吸粉”策略

社交平台如何成功吸粉？唯一的原则就是：内容为王！

内容为王，这是伴随着互联网诞生就出现的经典名言。即便在“网红时代”，这四个字依旧毫不过时。粉丝为什么关注你？就是因为你能生产出源源不断的内容，少了内容本身，单凭自拍照“吸粉”的网红，很难红得过两周。

所以，不管在微博、微信还是贴吧，发布精彩内容，才是网红最重要的工作之一。只有内容让人眼前一亮，网友们才愿意积极留言、转发，从而形成完整的互动关系网。

因为各个社交平台的属性不同，所以，发布的内容也应有所侧重。

4.2.1 微博平台的“吸粉”策略

微博平台的特点在于公开性和即时互动性，因此每日微博的重点推送，主要以分享为主。网红的原创内容制作、分享粉丝们的再创作，这都是重要的内容组成。图 4-2 为网红同道大叔的微博内容。

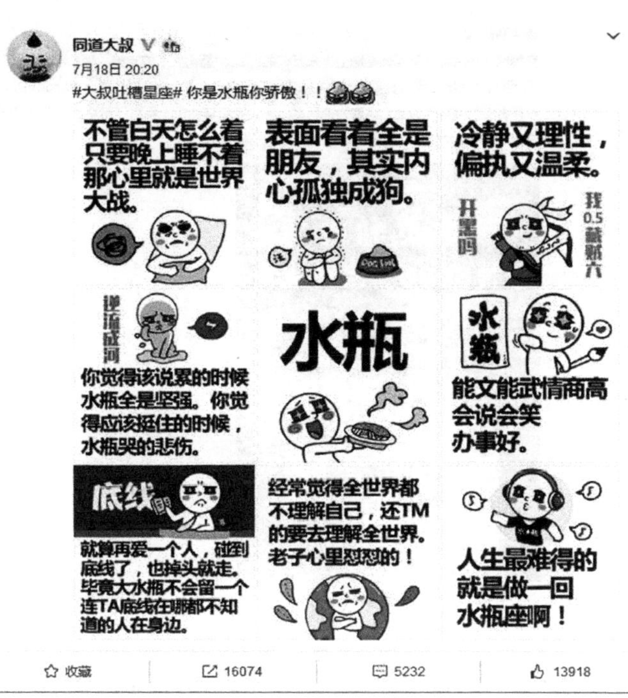

图 4-2 同道大叔发布的微博内容

轻松幽默、言简意赅，这是微博平台“吸粉”的重要策略。优质的红人微博，不会充斥过多的转发内容，而是形成“原创 + 转发”的双模式。所以，网红必须经常发布原创内容，同时结合热门新闻、当下的热点，这样才能提升网友的关注度。

微博平台还有一个独特的功能，也能起到非常好的“吸粉”效果，那就是“有奖转发”。没有人会排斥惊喜，网红的粉丝也是如此。新浪微博的公开性和病毒式传播，很容易在短时间内迅速引爆粉丝群体；同时，新浪微博的官方抽奖模式，也具有很高的公信度，它要求必须按照新浪微博的规则进行抽奖操作，完全杜绝暗箱操作和任何猫腻行为，因此粉丝也愿意参加这样的活动，如图 4-3 所示。

图 4-3 微博福利产品的派发

这样的奖品派发活动，会给粉丝们带来最直接的物质收益，几乎没有人会拒绝参加这样的活动。一旦粉丝收到了奖品，还会第一时间在微博进行图片发布，让这一轮的活动进一步传播发酵。

所以，如果网红能与其他品牌达成合作，或网红本人的淘宝店铺拿出一定商品进行有奖转发，那么就能很容易满足网友们“占便宜”的小心理。同时，借助新浪微博这样的大型平台，活动的真实性、客观性得到了保障，因此之前还没有关注的粉丝，也会第一时间加入到关注的阵营之中。

可以说，微博“有奖转发”，是网红本人与品牌取得双赢的模式，这就是为什么小米、360、罗辑思维会经常在微博上发起各种有奖转发活动，而雷军、周鸿祎等人也会通过个人微博积极引导粉丝进行转发。不定期礼品发放的活动越频繁，粉丝的活跃度就越高；活跃度达到一定规模之后，红人的社群体系就将形成，粉丝呈现进一步的爆炸式发展，如图 4-4 所示。

礼品发放
粉丝活跃度提升
粉丝规模壮大

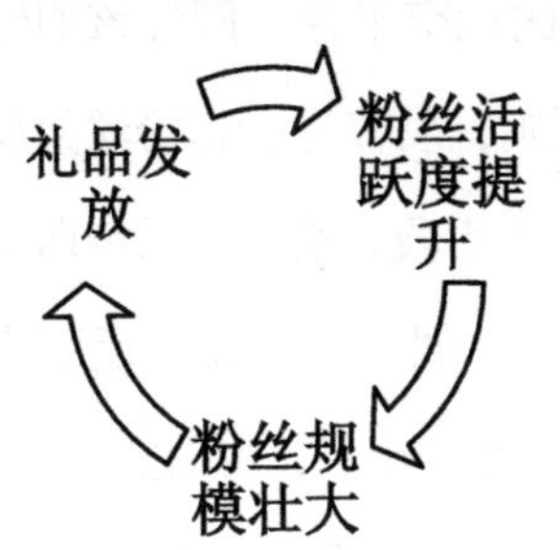

图 4-4 礼品发放形成的良性循环

不仅是微博平台，微信公众平台、QQ 群等都可以开展这样的礼品发放活动。当然，因为微博平台的官方活动发布更系统，且有第三方监督，所以它的可信度更高，是礼品发放的首选平台。

而对于粉丝数量尚不足的“准网红”来说，还应当借助一定热点，及时发布相关内容吸引网友进入粉丝群体，如图 4-5 所示。

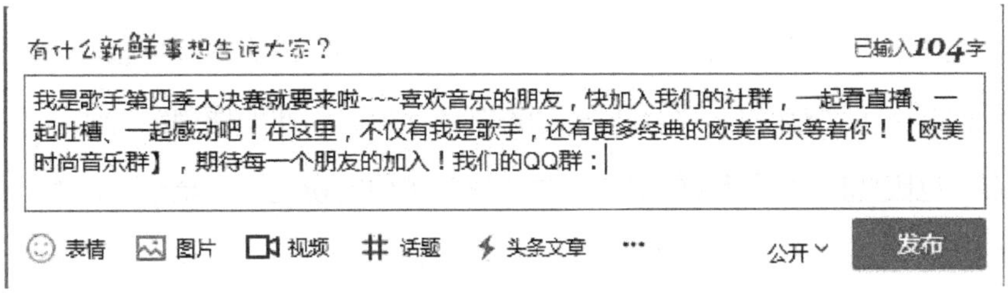

有什么新鲜事想告诉大家？
已输入104字
我是歌手第四季大决赛就要来啦~~~喜欢音乐的朋友，快加入我们的社群，一起看直播、一起吐槽、一起感动吧！在这里，不仅有我是歌手，还有更多经典的欧美音乐等着你！【欧美时尚音乐群】，期待每一个朋友的加入！我们的QQ群：
表情
图片
视频
话题
头条文章
公开
发布

图 4-5 微博“吸粉”策略

让网友先进入你的 QQ 群，然后通过更快捷的即时通讯，进一步展现出自己的风采，这对于渴望成为网红的人来说非常有效。所以无论在任何平台，都应该注意引流，将感兴趣的网友吸收进粉丝组织，从而最终将他们彻底转化为粉丝。

4.2.2 贴吧：“神龙见首不见尾”的“吸粉”策略

贴吧，这是百度最为成功的社交产品。并且，贴吧还有一个非常特别的特点：几乎不用明星自己去建立，粉丝们会在第一时间进行创建，并设定相应吧规。贴吧的形成、管理、运营皆由网友完成，因此，贴吧具备天然的社群属性，更容易凝聚数量庞大的粉丝群体。

那么，对于这样一个由网友自主创建、管理的社交平台，网红该如何“吸粉”？直接管理，显然违背“网友自治”的贴吧原则，很容易引起粉丝的反感，认为其受到了限制。对于贴吧来说，网红最佳的吸粉手段，就是可以定期登录，与粉丝互动交流一番。正所谓“神龙见首不见尾”，偶尔的出现，反而会给贴吧粉丝带来强烈的惊喜感：“原来网红一直在关注着我们，并注意着我们的动态！我们和那群微博粉丝不一样，他们知道追星，而我们却是在创造话题，创造文化，并得到了网红本人的关注！”

2011年，胡歌就曾亲自登录“胡歌贴吧”，号召粉丝们一起献爱心，迅速在贴吧内成为最热帖子，回复达到了三千之多，如图4-6所示。虽然胡歌本人登录贴吧的次数屈指可数，但正是凭借着这种为数不多的近距离接触，胡歌给贴吧粉丝们留下了“有爱心、关注贴吧动态”的印象，因此即便曾经对他印象不深的网友，也因此产生了极大的好感，主动成为了他的粉丝。时至今日，胡歌贴吧的人气，依旧是在人物类贴吧中名列前茅的。

图4-6　胡歌本人的贴吧主题发布

当然，贴吧的社群属性，注定了即便是网红本人，也不可能对贴吧产生过于强烈的干预。所以，对于网红来说，不妨多一点“远观”，少一点“强制”，这样才会营造出非常好的粉丝氛围，吸引更多的粉丝。同时，对于贴吧的管理权，一定要交给粉丝们，如小吧主的选举、贴吧细分小组的成立、贴吧完整吧规的形成，乃至活动的发起。让贴吧成员感受到自由的同时，网红还可以定期登录与粉丝们交流，这样贴吧就会形成很好的互动场景，从而给网红带来源源不断的粉丝。

4.2.3 定期发布“独家分享”主题帖

对于电商类网红来说，只单纯地推介产品，商业气息过于浓厚，时间长了不免会让网友感到反感。因此，必须在社交平台“独家分享”一些内容，如自己的化妆技巧、着装搭配思路等，这样才能给粉丝们带来真正有价值的帮助，而不是一味地商业推广。倘若这样的“独家分享”主题帖非常吸引人，那么网友就会关注你的账号，并逐渐开始浏览店铺，形成直接购买力。

电商类网红多数都在淘宝开设的有自己的淘宝店，因此，在“淘宝论坛”这个社交平台进行主题帖发布，会更加精准地吸引到粉丝。图 4-7 即为“淘宝论坛”的引流主题帖。

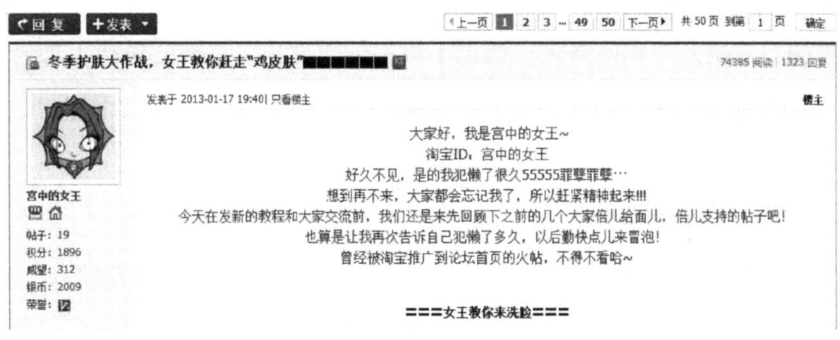

图 4-7　淘宝论坛主题帖

可以看到，这个帖子一上来就告诉了网友们自己的ID，这就为成为网红奠定了基础：让人无法记住你的ID，那么帖子写得再好，也是给别人做嫁衣。接下来一系列关于“如何护肤”的小知识、小活动等，会满足网友这方面的需求，因此点击率和回复率自然居高不下。如果可以做到长期系列化，那么她就很容易成为网红，吸引到一大批的粉丝。

而在这个基础上，在淘宝论坛“吸粉”时，还应做好以下这几个细节。

1. 标题是否诱人?

网友是否愿意点击你的帖子，第一判断就是通过标题。标题切合主题，甚至让人充满期待，那么就会有很好的效果。例如“冬季护肤大作战，女王教你赶走‘鸡皮肤’”，它既生动又有趣，除了冬季、护肤这样的关键词，还插入了大作战、女王、“鸡皮肤”等，标题立刻显得风趣幽默；反之，如果仅仅只是“怎么样在冬季护肤”这样的标题，就显得呆滞、刻板，很难吸引网友的关注。

2. 语言尽可能贴近网友

在撰写主题贴时，一定要根据受众群的特点，将语言进行重新组织，让风格更加贴近网友。例如针对女性用户，用词不妨温暖体贴；对于宅男，那么就应当更加“二次元”和网络化。切记不可将偏重理论、说教的资料不加修改直接发布，因为它很难引发网友的阅读快感。

3. 积极回复网友

在论坛发帖的目的，就在于通过不断的互动让网友更加信赖发帖者。所以，养成每天登录论坛的习惯，看看网友说了些什么，然后根据内容进行回复，这样才会给网友留下“有血有肉”的印象。网红成功的最重要一点，就在于互动，千万不可忽视这一点。

4.3 视频直播平台的“吸粉”策略

越来越多的视频网站，都加入了视频直播功能，甚至还有一些专门进行直播的手机 APP，如斗鱼、战旗、熊猫 TV 等，也都越来越受网友的欢迎。并且，我们所所熟知的多数网红，也都是通过直播平台的高人气，渐渐被人所熟知，例如张琪格、斗鱼烧烤哥等。毫不夸张地说，直播平台所创造出的网红，占据了我国网红数量的近一半之多。

门槛较低、人气能够通过在线人数直接体现、通过平台虚拟币直接变现……这是视频直播网红人数最多的原因。但正是因为关注的人数众多，因此大家脱颖而出的机会也陡然增加。那么，视频直播平台该如何成功细分?

4.3.1 形象上让人眼前一亮

直播网红，需要让网友们看到自己的一举一动，因此必须提升自己的形象，做到让人眼前一亮。这其中，容貌当然占有一定分数，但如果可以通过服装、饰品等，打造出不同的自己，那么也能起到加分的效果。

雨轩是不少视频直播平台的一个知名 ID。这位美女主播，主打的直播内容就是与网友互动。因为雨轩青春靓丽、活力四射，因此粉丝众多，几乎每一个平台都有数十万的粉丝。与其他主播相比，雨轩有一个特点：每一次进行视频直播时，都会穿着一身全新的衣服，并且手镯、耳环之类的饰品一应俱全。并且在长时间直播的过程中，她还会选择一定的休息时间进行换装，因此每一次都会给网友带来耳目一新的感觉。不少网友都会弹幕发问：雨轩到底有多少衣服？为什么搭配起来就比我们好看？

当然，形象让人眼前一亮，不是指“恶俗”，而是穿着搭配符合个人气质，并且可以经常性地做出调整，给人带来“百变”的感觉。倘若刻意选择恶俗之路，不仅会受到网友的鄙夷，甚至还会遭受平台的制裁。

4.3.2 提升自己的品味

品味，决定了一个人的档次。很多直播类网红，一开始并不出色，如 YY 平台的沈曼，但后来却越来越被人喜欢，就在于其懂得提高自己的品味，一直在学习、提升之中，永远追求美好。例如，对粉丝保持微笑，提醒自己收腹挺胸双肩放松，还会不时与粉丝们分享一些冷门却优质的音乐，或是一本好书，这样你在粉丝心理的气质陡然攀升。试想，一个整日只停留在讲段子阶段的主播，怎么可能给粉丝带来有内涵的印象？网红在注意外表的同时，一定不能忽视对品味的提升。

4.3.3 特长是“吸粉”的关键

无论在哪个视频直播平台，最红的主播，都是具备一定特长的，唱歌、跳舞、弹琴、脱口秀等，“总有一款让人眼前一亮”。试想，一个外貌很普通的女主播，却唱歌很好听，或者她唱歌不好听，但是很会跳舞，魅力就在这样的时候闪露出光芒，自然而然的，粉丝就被吸引了。但如果容貌极佳，却没有任何特长，坐在摄像头前一言不发，那么网友也许会因为高颜值而进入直播间，但五分钟之后就会感到无比乏味选择退出。

4.3.4 巧妙视频介绍大引流

经常观看视频网站的朋友，会发现很多视频界面之下，有一段简短的介绍，如图 4-8 所示。通过快速浏览，我们即可知道这个视频频道有哪些内容和精华。所以，网红应当写明自己的直播特点是什么，如“周一互动情感”“周二游戏大直播”“周五你点我来唱”等，让网友立刻了解到你的风格，从而愿意主动关注，并形成持续化关注。

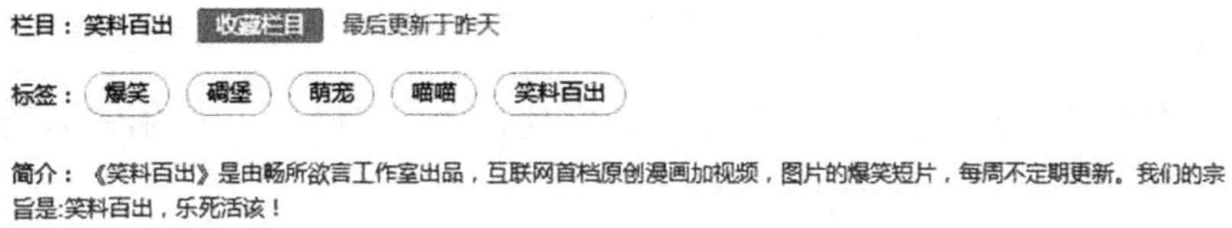

栏目：笑料百出 收藏栏目 最后更新于昨天

标签：爆笑 碉堡 萌宠 喵喵 笑料百出

简介：《笑料百出》是由畅所欲言工作室出品，互联网首档原创漫画加视频，图片的爆笑短片，每周不定期更新。我们的宗旨是:笑料百出，乐死活该！

图 4-8 视频介绍设置

不要小看这短短百字，一个账号的基础简介，一段视频的集中说明，都会在此快速展现。甚至，还可以添加个人微信号，因此一旦网友感兴趣，就会通过这段说明直接找到网红。

例如，网红可以将自己的微博、微信号同样写入简介，这样当网友对你产生兴趣之时，除了会关注你的视频直播账号，还会迅速找到你的微博地址，从而成为你的铁杆粉丝，形成多平台大引流的效果。

4.4 自媒体平台的“吸粉”策略

自媒体平台有很多，如搜狐自媒体、新浪自媒体等。自媒体的特点，在于内容言之有物，相比较单纯的社交平台如微博来说，内容会更丰富，篇幅也较长，会给粉丝带来深度的思考。所以，对于知识水平较高的网红来说，用好自媒体平台，就能起到很好的“吸粉”效果。

而在众多的自媒体平台中，很显然，微信公众号是最具影响力的。这其中最重要的原因，就在于微信的使用人数极其庞大。可以说，国内没有任何一款APP可以与微信的用户数相媲美。

2016 年，数据咨询机构易观国际发布了 2016 年 5 月移动 APP 排行榜。其中，微信和 QQ 是仅有的月活超 5 亿的两款 APP，而微信相较 QQ 的优势进一步扩大，凭借 1.5 亿月活成功领先大半个身位，如图 4-9 所示。

2016年5月移动APPTOP500排名

排名	APP名称	2016年05月活跃用户数（万人）
1	微信	68,192.6
2	QQ	53,574.8
3	支付宝	30,641.1
4	淘宝	27,821.3
5	腾讯视频	19,619.2

图 4-9　2016 年 5 月移动 APP 榜单统计

所以，对于自媒体网红来说，倘若放弃了微信公众平台，就意味着放弃了近一半的粉丝！精准化的内容设定、精美的页面排版风格，会给粉丝带来源源不断的优质内容；同样，它也可以起到场景聚集的效果，凭借着老粉丝们的不断转发，吸引新粉丝的逐渐进入。

微信公众号的运营，是一件非常系统、完整的工作。那么，有哪些细节，可以帮助我们起到积极“吸粉”的目的？

4.4.1 做一个“标题党”

微信公众号内容的标题，一定要充满特点，让粉丝一眼看到时，就立刻能够展开联想，充满期待，从而产生阅读的欲望。例如，“我锻炼，我公益！飞行骑行队公益行第三站走进 XXXX！期待您的加入！”远比“让我们一起做慈善！”要更具吸引力。

首先，读者第一时间即可了解该账号为户外骑行社群；其次，这个社群关心公益，并且已经发起了第三站活动，具备延续性。因此如果读者是一名骑行爱好者，同时关注公益，自然会产生强烈的归属感，从而选择关注。

如图 4-10 所示，这是一名名为“暮月”的小众青年网红所发布的自媒体文章。可以看到，这个标题紧扣当时的热门电影《大鱼海棠》，但又不仅仅只是赞美，而是用一种“伏笔”的手法，将悬念推送给了粉丝。

这时候，粉丝愿意主动点击进入阅读，同时进行朋友圈转发。当更多的人看到这篇

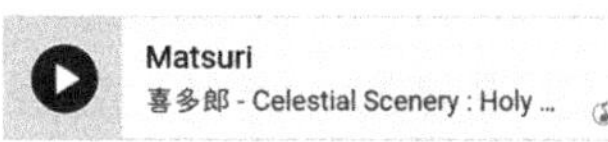

图 4-10　具有吸引力的标题

文章之时，就会有一种想要阅读的冲动，从而顺利成为该账号的粉丝。

4.4.2 内容是自媒体“吸粉”的核心

如何判断自媒体平台是否成功？一个关键的指标就是：真实的粉丝数量有多少。那么，如何自然地快速增加粉丝？也许，你想到的是高频次地发内容。但是，你是否想过这样一个问题：如果将工作的所有重点，都放在了数量和频次之上，却不关注内容与服务，忘记用户的需求，那么会产生怎样的后果？将这些信息看成是垃圾邮件，久而久之取消关注，这是必然的归宿。

如何才能源源不断地吸引粉丝？精准的内容是关键。用最优质的内容吸引粉丝，然后凭借着粉丝转发至朋友圈，吸引朋友的朋友进行关注。只有这样，自媒体账号才是有价值的，才能自然而然地吸引粉丝。

那么，又该如何做好内容呢？唯一的原则就是：把握粉丝群的心理和品牌特点，文章的创作与选取都是紧扣这两点的。一个汽车品牌的微信账号，每天发送的却都是影评、餐饮信息，那么自然不可能赢得客户的关注。

更重要的一点是：要经常有独家、原创的内容进行推送。

图 4-11 是一名北京媒体人的个人公众账号，他每天更新一篇原创微信内容并推送，因此很快就获得了众多粉丝。这个账号主打的就是文化，所以所有内容也都

图 4-11　某媒体人微信公众内容推送

紧扣这一点。

所以，要想通过微信公众平台不断获得人气，那么原创的文章必不可少。实现这一点也许一开始非常难，但我们必须进行尝试，多看多学习，分享自己的经验，例如“我是怎样做护肤的”，如果这个话题可以成为一个系列，那么很快就会有源源不断的粉丝，并逐渐将你看作专家，最终实现粉丝的增加和变现。

4.4.3 注意版面优化，别败在小细节上

手机屏幕很小，如何快速吸引粉丝阅读下去并转发，除了内容过硬，也必须做好视觉设计。并且，版式的优劣与否，也直接决定了粉丝们的第一印象：一个排版混乱、图片品质极差的自媒体账号，怎么可能让人相信会创造出有价值的内容？

所以，尽管版面不是自媒体内容的直接组成，但它体现出了网红本人的审美，以及对待粉丝的态度。那么如何做好这一点呢？方法很简单：百度搜索“微信编辑器”，你就会发现有太多的精美版面。

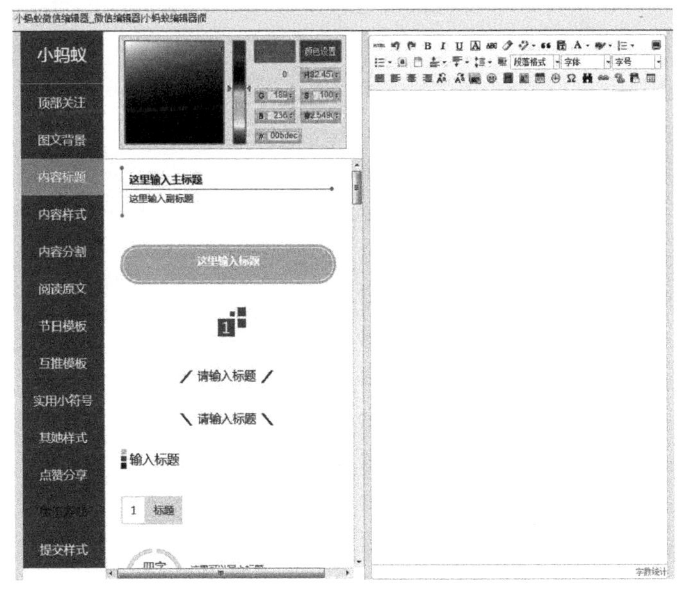

图 4-12　小蚂蚁微信编辑器界面

图 4-12 是一个名为“小蚂蚁微信编辑器”的在线网站，上面有很多素材和模板供选择，甚至还可以自主设定颜色。

与此同时，“网红”还应该注意对自媒体文章的细节把控，例如标点使用、分段、错别字等，这都需要多次审核与推敲。也许有的用户对此不会特别在意，但是对于细心的用户来说，几个不恰当的用词，就会让其产生强烈的不满。而这类用户，又恰恰是最容易发展成网红忠实粉丝的人。

其实，无论微信平台还是其他自媒体平台，在每次的内容发送之前，平台都提供预览，供你进行最终审核。不要图省事跳过此步骤，仅需短短的几分钟，有时候就可以将文章内的硬伤审查出来。如果文章到处都是错别字，那么就会让粉丝觉得：这是一个“不靠谱”的网红，他所说的话和推荐的产品不值得信赖。

4.5
网络电台的“吸粉”策略

开通网络电台，做一名 DJ，利用自己的声音“吸粉”，这也是网红吸粉的手段之一。同时，通过网络电台传播产品、服务、品牌信息，也是非常好的渠道，所以才会有很多品牌选择与电台合作，进行广告发布。

而随着移动互联网的出现，个人电台平台也越来越多，自己发布音频，与网友进行互动，同样也可以形成引流效果。如荔枝 FM、喜马拉雅 FM、网易云音乐（见图 4-13）、唱吧等，都是目前主流的音频类 APP。

无论在哪个 APP 开通个人电台，最重要的目的就是——通过让人喜欢的节目，从而进行“吸粉”。所以，在正式开通电台之前，必须做好以下这些准备。

图 4-13　网易云音乐个人电台首页

4.5.1　以情感打动人

没有人会喜欢聆听冗长、枯燥的产品简介，所以音频节目的定位，应当是有趣、生动、能够打动人。例如，你是一名情感类自媒体网红，那么音频节目就应该等位于“情感”——分享爱情故事和两性话题，这很容易吸引到女性听众的心。

再如，你是一名淘品牌网红，那么电台节目不妨侧重于化妆品讲解、好用化妆品和化妆工具大推介等。同时不要忘了，在节目中穿插介绍自己的社交平台账号，如微博、微信账号。因为网络电台并不是互动平台，它仅仅只是传播平台，很难形成有效的互动，所以，在情感打动人的基础上，将粉丝引流至社交平台，这样才能培养出最忠心耿耿的粉丝。

4.5.2 以内容打动人

以内容打动人，同样也能起到引流的目的。例如“每天五分钟，轻松做美容！”这样的系列节目。当你可以每天都做这样的节目，并且持续下去，那么久而久之，听众就会信任你，产生一种“追剧”的心态。当你的电台逐渐形成了一定规模，自己也会成为“电台明星”。这时候，你就成为了一名不折不扣的网红!

除了发布自己的音频节目外，给其他网友的音频节目进行留言，也可以实现引流的目的。所以，只要有机会，准备好相关的内容素材，就一定要开通个人电台，让自己在网络电台平台上吸引到源源不断的粉丝。

4.6
其他平台的“吸粉”策略

还有一些平台，同样具有社交、互动等功能，尽管目前来说，它们并非主流，但凭借着独特的亮点和特色，依旧具有一定的人气。所以，网红同样不可放弃这些平台，适当举办一些小型活动，同样可以起到“吸粉”的作用。

4.6.1 “互动吧”的“吸粉”技巧

在互动平台中，互动吧目前的人气最高、功能最为丰富，因此最适合网红在展示自我的同时，发起一系列活动，如图 4-14 所示。它还支持免费群发短信和报名统一导出等功能。

图 4-14 互动吧发布页面

组织聚会、开办沙龙等活动，从而发起线下交流会，这对网红的人气提升非常有帮助。同时，这些活动可以一键分享到朋友圈、微博等。如果话题非常有价值，就能立刻引起粉丝的转发、关注。例如，当时尚网红邀请了一名知名设计师参与沙龙聚会，并向粉丝提供独一无二的“美妆专享课”，那么这就会直击时尚型网红粉丝的痛点——渴望与网红近距离交流的同时，还能学习网红的化妆技巧，为什么不参加呢？

所以，对于区域型网红来说，例如在北京 CBD 举办一场粉丝见面会，那么通过互动吧更为详细的功能分类，就可以立即唤起粉丝的热情。一旦活动策划得够精彩，粉丝还会呼朋唤友一起参加，这样网红不仅与粉丝拉近了距离，更吸引到了一大批潜力粉丝！

同时，互动吧还有微信客户端，搜索互动吧即可进行关注。微信端互动吧与互动吧 APP 功能较为接近，因此在微信端口直接发起活动也能被广大网友看到。不过，为了获得更多的功能，相关操作还是建议在 APP 内进行。

4.6.2 知乎平台的“吸粉”技巧

还有一类平台，侧重于知识分享，尤其吸引大学生群体、专业人士的关注。倘若能在这样的平台上成为红人，那么就意味着吸引到了一批有相关专业知识的粉丝，他们会在某些特定领域具有非常大的影响力。

毫无疑问，知乎目前是这类平台的代表。而在知乎上，已经活跃着非常多的高人气的意见领袖，即红人。例如网友“nk 丢丢”（见图 4-15）、作家张佳玮（见图 4-16），就是知乎中著名的《我爱我家》电视剧解答人，几乎所有有关这部电视剧的提问，都会看到他们二人被邀请回答。

图 4–15　知乎大神“nk 丢丢”回答界面　　图 4–16　知乎大神“张佳玮”回答界面

正是因为这些红人的出现，让《我爱我家》这部电视剧在二十年之后依然具有很高的关注度，各种解读层出不穷。以知乎为代表的知识型 APP，通常多为综合类知识网站，各种问题众多，如果没有网红的存在，那么话题很容易被淹没，无法诞生经典、专业的回答，难以形成热烈的讨论氛围，提问、回答多呈现零散式，自然无法形成社群架构。

所以，想要在知乎平台成功细分，那么必须拥有如下两个条件。

1. 有非常擅长的某个领域

只有让自己的关注点集中于某一个方向，那么才能不断被网友所熟知。

2. 可以长期不断地在特定领域回答

如果能多次做出精准的回答，就会吸引到第一批粉丝。在粉丝的眼中，你就是这个领域的专家，当然会对你产生信赖之情。

对于个人网红是如此，对于品牌也是如此——培养出自己的网红，集中于某个领域对网友的提问进行回答。一旦网红（最好为多个）在平台具有了一定的影响力，就会培养出自己的粉丝，并渐渐在互动中形成社群组织。所以，品牌不妨鼓励设计师、运营师等核心团队的人才进入平台，主动回答网友的提问，在不断互动中成为网红，从而对品牌也产生直接推动力。

4.6.3 淘宝平台的“吸粉”技巧

淘宝平台作为电商平台，它的社交属性较低，但不等于不能发起社交活动，尤其是在产品发布之后，倘若技巧得当，那么同样可以吸引到很多用户，将其直接转化为粉丝。而这其中的关键，就是真诚。真诚，是打动一个人最有效的情感。

1．情感体验卡

无论网红在其他平台有着怎样的影响力，当粉丝到你的淘宝店中进行购物时，他的身份就得到了转换——不再是单纯的粉丝，而是一名消费者。因此，网红不妨制作一批情感体验卡，随每一份产品寄给消费者。这张体验卡上，不仅要有自己的说明、店铺的说明，更重要的是一种情感传达。把自己的感受，为什么开这家淘宝店，对于用户的情感是怎样的，尽可能以真实、生动、情感充沛的文字进行呈现。

当消费者收到充满真情实感的情感体验卡时，会有怎样的感受呢？当然会有惊喜、感动、温暖的感觉。所以，一份情感体验卡，能够迅速将一个素未谋面的用户，发展成自己的粉丝。更不要提自己的忠诚粉丝：他们会因此举而更加感动，并主动帮助网红进行店铺宣传！

对于这份情感体验卡，既可以以明信片的形式表现，也可以采用更具温馨情怀的手写信形式呈现。但无论采取哪一种方法，都要记得：避免千篇一律，避免空话套话，定期根据产品、季节等更新情感卡的内容，这样才能真正打动用户的心。

2．节假日的祝福

朋友之间需要经常交流，同样，网红店主与用户之间，也应当定期维护。尤其对于那些不经常购物的粉丝来说，如果时间过得太久，那么彼此的关系就会更加减淡，久而久之甚至他们会忘记了网红及其店铺。

所以，在节假日发送祝福信息，这是维护网红与用户之间的纽带。新春佳节之时，发送一条祝福新春快乐的短信或微信；中秋节之时，发送一条合家齐欢的祝福短信或微信，这些都能够让用户感受到浓浓的暖意，同时加深对网红及其店铺的印象。

当然，信息的发布数量一定要控制，只需关注重点节日即可，避免太过频繁，让用户觉得这是垃圾信息。同时，信息的内容也应该遵循情感至上的原则，避免机械化的内容。

与此同时，还不要忘记微博、微信平台，尽可能在多平台举办活动，这样就能收获一批忠实的客户，从而形成真正的粉丝经济！

Part5

精准粉丝，构建网红社群的七个关键

“互联网发展到今天，经过了1.0时代、2.0时代，如今已经进入了全新的‘社群时代’”。这句话精确地指出了互联网发展的新趋势。社群文化的出现，让互联网形成了更为全新的模式，过去“单兵作战”的网友们，开始通过兴趣、爱好主动聚合，进而形成了一个又一个的社群组织。网红经济也不例外，伴随着粉丝的急剧增长，建立文化气质统一、活跃度极高的社群组织势在必行。在社群的大家庭中，不仅有网红，还有意见领袖、社群活跃分子、社群精英及社群普通粉丝。当所有人都形成了共同的文化信仰之时，网红将会爆发出更大的潜力！

5.1 借风好驶船，精准选择社群平台

发展社群，必须依靠各种风格不同的社交平台。目前，主流的社交平台包括微博、微信、QQ、贴吧等，它们的特点不同，因此适合不同的网红类型。所以，只有找到最精准的平台，才可以做到借风好驶船。

5.1.1 微博平台：快速转发与分享的红人网络

2009 年，新浪微博正式诞生。经过多年的发展，其如今已经成为了国内人气最高的 SNS 平台。因为微博平台的公众社交化、媒体化特点，几乎所有的明星、企业、媒体等都进驻微博平台；同时，微博平台官方还会捕捉草根用户的动态，并推送至热门榜，因此“随时随地发现新鲜事”成为了微博平台的口号。

微博平台汇集了大量明星、品牌与网红，如果社群活动众多，受众群辐射全国，微博显然是最佳平台。通过活动发布、预告等，引导社群进行进一步转发、互动，甚至直接发起大规模活动，这是微博平台的突出优势。

如图 5-1 所示，这个名为“papi 酱后援粉丝会”的微博账号，即是 papi 酱的微博社群集中地——每周一三五大量发 papi 酱美图、视频、直播、资讯……关于 papi 酱的一切，这个账号都会实时发布。这个账号的运营，依靠的就是 papi 酱的粉丝们，他们会不断发布素材，因此尽管账号注册的时间不长，却吸

引了大量 papi 酱粉丝的关注。

图 5-1 papi 酱后援粉丝会微博内容

微博社群平台的建设，主要侧重于粉丝、兴趣爱好，并且不被地域所限制。同时，微博用户还会不断创造 UGC 内容，非常有利于社群的分享传播，并呈现裂变式效应。在特定兴趣和特定的关系群体中，通过信息交流互动，进行信息分享、价值互通和增值，会给微博平台带来非常丰富的社群场景与社群文化。当然，微博的传播特点不仅在于转发，还有评论、分享等，这些功能都必须灵活掌握，从而更好地服务于社群，如图 5-2 所示。

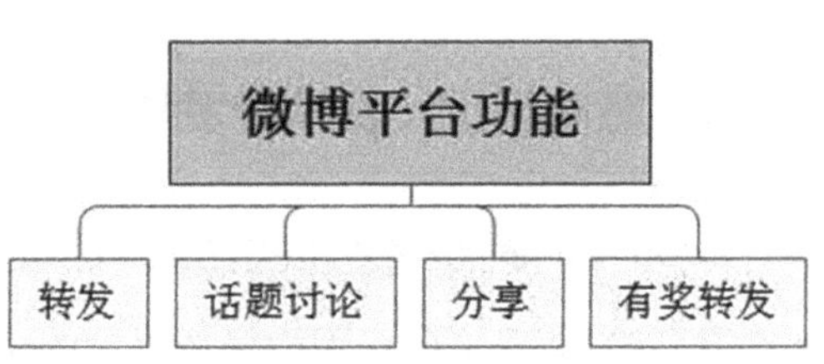

图 5-2 微博平台功能组成

转发：发现有趣的话题，一键转发，吸引更多网友互动、给微博用户曝光的机会，尤其是品牌忠诚粉丝的内容。

话题讨论：设定话题，鼓励用户进行讨论，如临近五一小长假，发起 # 随手拍美景 # 的话题。

分享：每天发布与品牌相关的内容，如“XXX 品牌你不知道的小秘密”“轻松动手，让手机变行车记录仪”等，给社群粉丝带来惊喜。

有奖转发：定期发布有奖活动，给予粉丝最最惊喜的物质反馈，并借助参与者的 @ 操作，吸引新的粉丝进入社群体系。

5.1.2 微信公众平台：自媒体网红的最佳选择

移动互联网的蓬勃发展，促成了一个全新名词的诞生——自媒体。独立挖掘选题、独立编辑，挖掘更深层次、主流媒体不易发现的内容，这是自媒体的主要特征。自媒体主打“内容为王”，因此微信平台就成为了非常好的传播渠道。图 5-3 即为微信公众号“槽边往事”的原创内容输出。

微信公众平台的无字数限制，以及排版的多样化和精美化，会给擅长做自媒体的网红带来很大的帮助。所以，几乎所有的自媒体网红都以微信公众平台作为运营的主战场。同时不要忘了，开通“评论窗口”，让粉丝们直接在文章的底部进行讨论，这样会大大激发粉丝们的互动热情，从而给社群带来活跃度，图 5-4 即为微信公众号“槽边往事”的评论区互动。

图 5-3　网红和菜头的“槽边往事”微信公众平台

图 5-4　“槽边往事”的留言版

5.1.3 最具社群基因的平台：百度贴吧

BAT 三巨头之一的百度，其旗下拥有诸多平台，同样可以实现社群运营的目的。尤其是百度贴吧，是最容易产生 UGC 内容的社群平台。

百度贴吧是百度最具社群基因的产品，近年来几乎所有的网络热词，几乎都由百度贴吧诞生。百度贴吧的特点在于：以兴趣为中心，不断组建出各种兴趣小组，为各种兴趣爱好者的聚集提供了一个最便捷的方式，涵盖社会、地区、生活、教育、娱乐明星、游戏、体育、企业等的方方面面。百度贴吧的风格非常简洁，不像论坛一般版块过多，这让每个话题都可以被所有用户看到，受众群更广。

2016 年，知名社交媒体公司 We Are Social 发布年度《全球数码社交与移动报告》：截至 2015 年年底，百度贴吧注册用户达到了 10 亿，贴吧数量 820 万。

百度贴吧的另一个特点在于：每一个贴吧都较为封闭，兴趣足够精准——某一个明星、某一部影视作品甚至某一个歌曲都可以成为独立贴吧，保证了话题的深度被不断挖掘。因此，几乎所有网红都建立了自己的百度贴吧，并不断发起各种活动，刺激社群的活跃度，创造全新场景，如图 5-5 所示为网红咪蒙的百度贴吧。

图 5-5 网红咪蒙的贴吧

2003 年，百度贴吧就已正式推出。从创建伊始，它就秉承着“网友自治、百度监管”的理念，贴吧吧主均由贴吧用户投票选出，贴吧的规则也主要由用户制定，因此其具有先天的“社群基因”。所以从目前的发展态势来看，百度贴吧为非常重要的社群平台。尤其是兴趣类、营销类、产品类社群，都非常适合在百度贴吧建立独特的社群场景，借助不断的活动、吧刊物等，贴吧会形成独特的社群文化，例如 WOW 吧、李毅吧等，其用户数都达到了千万级。

百度贴吧的社群发展壮大与否，与吧主及整个吧务团队有着直接关系，即社群意见领袖、社群活跃分子等。所以，依托于百度贴吧建立的社群，品牌必须提升活动力度、吧务管理力度等，让整个贴吧始终处于高频次的活跃状态。

5.1.4 社群运营的重要战场：QQ 群

随着越来越多的社交平台、软件的诞生，如今，很多人似乎渐渐忘记了 QQ，认为它已经过时，已经有些 LOW。但事实上，社群运营的主战场，恰恰正在 QQ 群，因为 QQ 群所提供的功能之强大、场景之丰富，是任何一款社交软件都不可比拟的，如图 5-6 所示。几乎所有类型的社群，都能够借助 QQ 群的力量运营。高频次接触、不断丰富的功能设置，从而带来五花八门的场景风格，这成了 QQ 平台社群时代的“核心战场”。

图 5-6 QQ 群功能展示

对于网红培训类社群而言，群视频可以轻松满足视频授课的目的；同时，最新上线的“作业”功能，可以让教师第一时间针对学员布置作业。

对于网红分享

类社群而言，群文件提供的空间，可以让成员将内容迅速上传并分享。

对于网红知识类社群而言，群论坛、群相册可以在即时讨论的基础上，进一步进行深层次讨论。

对于网红娱乐消费类社群而言，群支付、AA 收款等功能，可以轻松实现收费、变现的目的。

对于网红垂直类社群而言，线上 / 线下活动主题可由群投票轻松确认。

对于地域类社群而言，通过群活动的快速设置，即可迅速开展成功的线下见面交流会。

对于强兴趣社群而言，进群后需要遵守哪些规则、什么时候有专属活动等消息，可以通过群公告第一时间通知所有人，如图 5-7 所示。

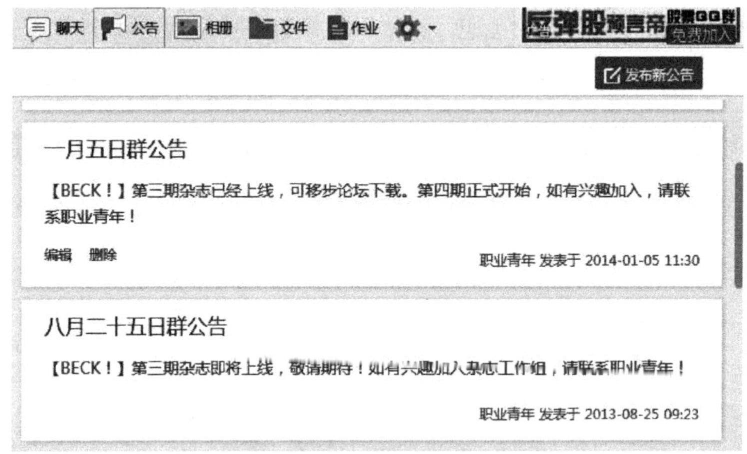

图 5-7　QQ 群公告展示

即便刚刚建设不久的社群，也可以通过“分享群”功能，一键将社群分享给更多的好友。而已经发展壮大的社群，签到、活跃度等级、快捷群名片修改、管理员权限设置等实用的小功能，可以进一步促进社群形成“金字塔结构”，让社群的生态体系更加完善。

由此可见，地域类、垂直类、强兴趣类，乃至产品类、培训类社群，都可以借助 QQ 平台实现场景化社群运营的目的。而腾讯公司显然也看到了这一点，在社群时代对 QQ 进行全新的升级与改造，使其社群属性更加彰显。

> 2015 年 8 月 6 日，由腾讯公司举办的以“有群，有趣”为主题的中国互联网移动社群大会在北京国际会议中心盛大召开，腾讯 QQ 对外正式宣布社群体系全面开放，依托“QQ 群、兴趣部落、QQ 公众号”打造全新的移动社群生态。当“连接一切”成为公司级战略，腾讯也率先在业界将社群升级到 3.0 时代。目前，QQ 兴趣部落超过 20 万个，拥有亿级的月访问量。腾讯公司高级执行副总裁汤道生表示：“QQ 社群体系的开放，将会在继智能硬件、移动应用之后，触发新一轮社交红利的分发，腾讯 QQ 在这场社群经济的运动中将继续扮演好连接器的角色。”

无论网红运营的社群属于哪一种类型，QQ 平台是绝对不可忽视。甚至对于不少初创社群来说，QQ 平台应当成为社群运营的主战场——强劲功能所带来的丰富场景，是其他任何平台都不能比拟的。深度挖掘 QQ 平台的功能和场景，社群的运营便事半功倍。

5.1.5 其他平台

微博、微信、贴吧、QQ 群，是社群运营的主要平台。除此之外，还有一些小平台同样可以发展出社群文化，同样不能忽略。

1．微博群

微博同样具备一个类似 QQ 群、微信群的平台，那就是“微博群”。不过与 QQ 群、微信群相比，微博群的影响力显然有限，主要模式依旧是网友发布内容，所有群成员可同步看到。目前微信群的使用场景并不清晰，不能第一时间如 QQ 群一般发起讨论，也不像百度平台一般能够轻松检索，因此只需了解其功能即可。

2. 阿里旺旺

作为淘宝旗下的指定官方通信、社交工具，阿里旺旺同样也具备群功能，任何一个人都可以组建相应的阿里群。阿里群的维护与 QQ 群几乎一致，但淘宝明确规定：有关淘宝的相关申诉、证明等，阿里旺旺信息记录才是第一参考文件。所以，如果网红经营有淘宝店，那么就应该建设相关阿里群，并将反复购买的忠实粉丝邀至其中，经常发布各类促销信息。当然因为先入为主的原因，很多人并不愿意将阿里旺旺转化为社交软件，因此我们同样不能放弃 QQ 群、微信群的运营。

3. YY 语音

作为老牌的语音视频软件，YY 平台具备较高的人气，不过多数集中于游戏领域。随着 QQ 群的视频直播功能日趋完善，并且 QQ 群可以发起网友之间的单点、多点互动交流，因此侧重于兴趣类、活动类的视频直播，也逐渐流向 QQ 群直播，以及更侧重移动端的斗鱼直播、熊猫 TV 等。所以，在社群语音、视频化渐成主流的今天，我们可以在 YY 语音通过预告等方式，不断引流至 QQ 平台，以更丰富的社群场景点燃社群激情。

最后需要特别的提醒的是：尽管找到了最精准的平台，但不等于就此放弃其他平台。任何一个平台都不是独立存在的，它们应当相辅相成，根据平台特性，创造出不同的社群场景。例如，通过微博的预告，将粉丝引流至微信公众平台，这样才能创造出更为丰富的社群场景模式。“多平台齐头并进，重点平台着力打造”，这是社群平台的建设原则。

5.2
如何设计社群管理架构与成员划分

一个社群，就像一个小社会，它也同样具备一定的管理架构与成员划分。社群的架构，呈现出多元化与分散化的特点，既有金字塔塔尖的社群群主，同样也有意见领袖、小秘书、活跃分子、监督者、内容创造者等，从而具备非常完整的结构体系，如图 5-8 所示。

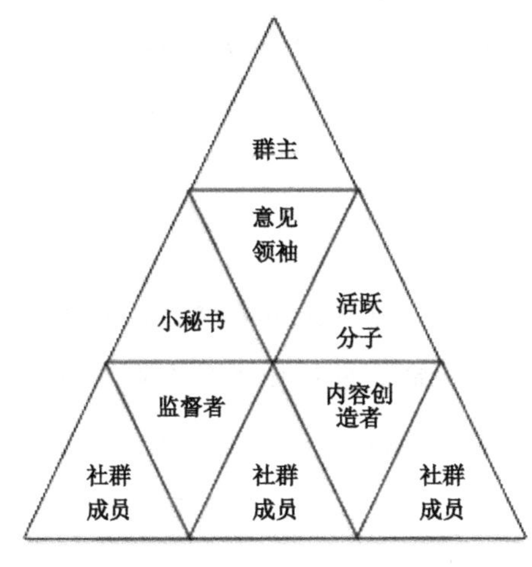

图 5-8　社群的金字塔体系

体系的出现，意味着制度的形成。

体系的诞生，意味着系统的统一，整个社群的发展更加稳定和具备可持续性。

不同的成员属性构成，让整个社群的体系更为紧凑，彼此之间互相影响，从而激发社群产生源源不断的能量——话题、活动、游戏……这些都是社群的能量产生源。

虽然社群架构，并非如一家企业、一个国家那么严苛与严谨，但要想让社群组织完善，就必须尽可能对成员进行划分，让每个社群成员都能找到自己的位置，并根据社群贡献不断调整定位，以此满足每个人的“虚荣心”。

5.2.1 社群领袖

无论社群的规模有多大，它必须有一个准确的投向，让所有粉丝可以凝聚在一起。这个投向，既可以是一个人，也可以是一个品牌，如优质组合 TFBOYS、EXO，或是联想、小米，甚至最近最火热的围棋智能机器人 AlphaGo。

这些人或品牌，都是社群的群主——所有社群组织，都是围绕着他们所出现的。而这些人或品牌，无一例外都具有非常显著的特点——TFBOYS 所散发出的青春活力，小米手机所强调的互联网思维。他们都拥有一个或数个与众不同的特点，并在发展过程中不断强化，最终形成了自己的价值——个人魅力。

独一无二的个人魅力，是任何品牌都不能或缺的——即便身为明星，公众领域他也是一个品牌，而非完全单独的一个人。一旦具备个人魅力，社群就会形成文化特质，并不断裂变、进化，甚至产生变现。这一点，在中国香港影星周星驰的身上表现得非常明显。

> 作为陪伴 70 后、80 后成长的周星驰，在内地具备极高的人气，其行事风格备受推崇。2016 年春节期间，周星驰新作《美人鱼》上线，伴随着官方活动开展的同时，是源源不断的粉丝活动，最瞩目的就是“我们欠星爷一张电影票”。当这个话题不断发酵，各地周星驰影迷积极行动，直接让这部电影成为了新的华语影片票房冠军：上映 20 余天，突破 33 亿大关。

这就是周星驰的个人魅力。尽管周星驰没有刻意建设社群文化，但在他的影响下，豆瓣、微博、微信、贴吧诞生了一个又一个相关的社群组织，每一个社群组织又不断创造全新的话题，如线下集体观影、达人短片制作……

社群群主不一定直接对社群进行管理或维护，但他需要源源不断地给社群产生影响：也许是一段演讲，也许是一篇文章。并且这种影响，是其他人、其他品牌完全不能替代的。

2015年年底火爆于微博的papi酱，创造出的独特网红美学——视频吐槽，一经上线就立刻成为互联网热点，粉丝数一举突破600万。仅微博平台，围绕papi酱的社群粉丝团体，就达到了25个，如图5-9所示。

图5-9　网红papi酱的微博社群

papi酱并不是这些社群的直接管理人，但是她的一举一动，都会强烈影响到所有社群组织的活跃性，这正是个人魅力所带来的影响力。品牌也是如此，打火机当然不止ZIPPO一种，但是为何没有其他品牌可以挑战ZIPPO的口碑？因为，ZIPPO的品牌运营方已经将ZIPPO植入了“人”的魅力——自由、奔放、时尚、前卫、独立。

所以，在经营社群之前，群主是否具备了足够的人格魅力，这直接决定了整个社群的意识形态与活跃程度。从来没有任何新闻发布，也从来不做任何互动的群主，即便产品再优秀、使用的人再多，就像在街头就可以买到的指甲刀，是冰冷的、毫无生气的，这样的群主没有丝毫个人魅力，更不必谈及建设社群组织。

5.2.2 社群管理员设定

为了让社群的发展更为规范、有序，社群必须设定管理员制度，维护社群的运转。正如贴吧吧主、QQ 群群主，它们既有一定的影响力，同时也愿意为广大社群成员服务，如删除水贴、清理僵尸用户等。管理机制需要通过人的操作方能奏效，从某种层面上来说，管理员对于社群的意义不亚于社群领袖。

所以，对社群管理员的设定，不妨遵循以下这两个原则。

1．品牌方人员做主管理

由品牌发起的社群，品牌方最了解社群文化、社群基因是什么，因此品牌方人员做主管理，最能把控社群话题的方向。同时，对于品牌发布的活动，管理员也可以第一时间进行推送，甚至给社群带来“内幕消息”，刺激社群的活跃度。

2．社群成员组成“管理层”

社群成员到达一定规模后，一名社群管理员显然无法应对所有工作，因此不妨通过申请、选举等制度，建立社群管理层，以此分担主管理员的压力。管理层的组成，应当主要为社群成员，以此体现社群公平民主的氛围；同时，可以定期进行轮换，让更多的社群成员有机会参与管理，加强社群的归属感和参与感。最重要的，则是管理层人员真正热爱社群，愿意为大家服务。所以，从社群活跃分子中寻找管理层人员，是最佳的途径之一。

5.2.3 社群意见领袖的数量与分工

相比“高高在上”，甚至不直接参与社群运营的社群群主，社群意见领袖组成了社群组织的最核心团队。

所谓“意见领袖”，是指在人际传播网络中经常为他人提供信息，同时对他人施加影响的“活跃分子”，他们在大众传播效果的形成过程中起着重要的中介或过滤的作用，由他们将信息扩散给受众，形成信息传递的两级传播。而社群意见领袖，往往承担着话题制造、活动组织、社群运营等诸多职责，是整个社群运转的“车轮”。

如果社群群主是灵魂，那么毫无疑问，社群意见领袖就是骨骼、框架，他们让整个社群真正形成体系，并源源不断地生产能量。

什么样的人，才能被称作为“社群意见领袖”？他必须要达到以下这几个特质。

1．独特的人格魅力

意见领袖必然要有独特的人格魅力，可以影响其他人。他也许很可爱，也许乐于助人，也许能言善辩，总之必须能给人留下深刻的印象。

2．丰富的知识储备

想要真正影响到别人，做到一呼百应，就必须有丰富的知识储备，甚至达到专业级别。领袖之所以成为领袖，正因为他们达到了其他人不能企及的高度。

3．严谨的思考能力

社群意见领袖多数都是社群运营人，或是某个小组的负责人，因此必须具备严谨的思考能力。例如，社群决定发起活动，这时社群意见领袖就应该做出分析——如何策划、如何开展，甚至可以有理有据地反驳这次活动的必要性。具备思考问题能力的人，才能从各个角度维护社群的发展，并引导社群成员学会思考。

人人都想做领袖，但不是任何人都可以做领袖。社群意见领袖的养成是漫长的，其中很多都是在社群长期活动中，渐渐被多数社群成员选举出来的。没有意见领袖，社群会呈现出一片散沙的状态，凝聚力不足，所以社群之中，一定要培养出具有高影响力的意见领袖，并不断壮大“领袖团”。

一个成熟的社群需要多少社群意见领袖？这需要由社群架构决定——有多少分工组织，就需要多少社群意见领袖。以李毅吧为例，这个互联网中人气最高的社群组织，素有“百度卢浮宫”之称，创造出了一个又一个互联网话题，它就具备非常完善的社群分工与领袖组织。

如图 5-10 所示，可以看到，李毅吧具有不同的社群分工，而每一个类型之下，又有一个或数个意见领袖的存在。这些意见领袖，无一例外都是各自领域的“达人”，能够很好地贯彻李毅吧“内涵”的概念，因此推动了李毅吧呈现出欣欣向荣的特点。

社群创建初始，也许只有一个社群意见领袖，但随着不断的发展，新的小组诞生，社群意见领袖应当呈现递增的趋势。不以数量为标准，以社群分工为基准，这样我们的意见领袖才会不断诞生，进一步丰富整个社群的生态环境。

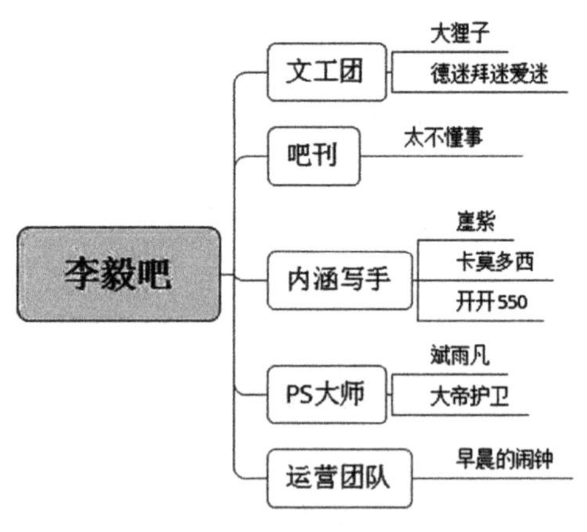

图 5-10　李毅吧社群架构 & 领袖

5.3 社群规则如何制定

社群是一个组织，它是网红最强大的后盾；同时，社群也是粉丝们集中交流的地方，因此不免三教九流、鱼龙混杂。社群的健康与否，直接关系着网红本身形象的好坏，所以对于社群的运作，同样需要制定一定的规则规范。只有这样，社群才能健康发展，同时反哺网红，让网红升级为文化现象。

5.3.1 入群门槛的设定

什么样的人，才能成为社群成员？

有的人会这样想：社群当然越大越好，所以什么样的人都可以进入社群，这样才能让社群呈现出热烈的氛围！

然而，真的如此吗？

刘涛在郑州经营一家主题咖啡厅，并在开业时建立了一个微信群，经常会在其中发布一些打折信息、咖啡常识等。一开始，群里的氛围很好，一些老顾客经常咨询一些有关咖啡的问题。但到了2016年春节，为了让人气更高，他鼓励群友们尽可能拉好友进入，很快微信群达到了400多人。人多了，结果问题来了：近70%的人从不说话，只有发红包的时候才集体出现。随后，广告党越来越多，有一些内容甚至严重违反道德与法律法规。结果，一些老客户不堪受扰选择退群，更多的则是屏蔽不再说话。原本充满正能量的活跃群，不到短短一个月的时间就彻底沉寂。

没有门槛的社群，势必会形成恶性循环——人越多越混乱，越混乱浑水摸鱼之人就越多，最终社群走向衰落，如图 5-11 所示。

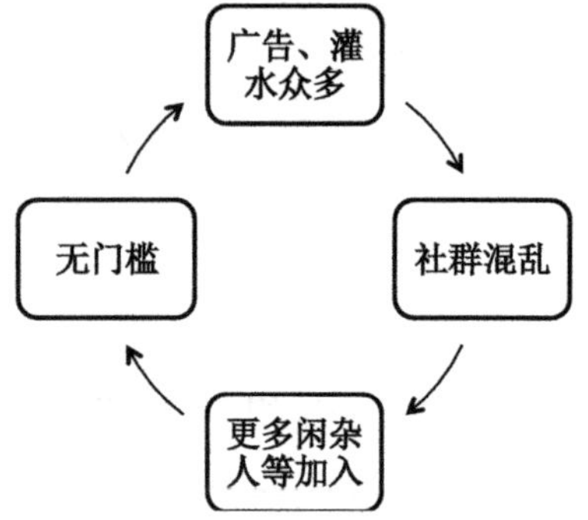

图 5-11　无门槛社群的恶性循环

健康的社群，需要有活力的社群成员；成熟的社群，需要守规矩的社群成员；成功的社群，需要充满价值感的社群成员。所以，无论社群的规模或大或小，入群门槛必须设定，以此来保证社群内部的氛围始终是积极的、充满正能量的。设定了门槛，那些与社群气质不符的人，自然不愿进入，或是很快就选择退出。

一般来说，入群门槛可以按如下原则设置。

1. 邀请制

一名新人想要加入社群，必须通过老用户的邀请。新人在申请加入时，必须提交邀请人的 ID，社群管理员经过核实后方可通过。尽管这样做增加了管理员一定的工作量，但只有如此才能避免“小白”加入社群。这一点，尤其适用于 QQ 群。在 QQ 群设置好相应说明，这样即便有新人想要加入之时，就会根据说明找到推荐人，然后申请加入社群。

2. 等级制

对于百度贴吧而言，不妨借助等级模式，设定入群门槛。一般来说，我们可以设定为“达到四级方可回复、发布新帖”，这就给希望加入社群的新人做了心理暗示：想要加入社群，首先学会关注并连续签到，这是加入社群的基础。而在这个过程中，多浏览贴吧的相关说明、主题帖等，对社群风格有了一定了解后再加入讨论，既有利于自己了解社群，也有利于社群把控整体成员的素质。图 5-12 为百度贴吧的发言限制。

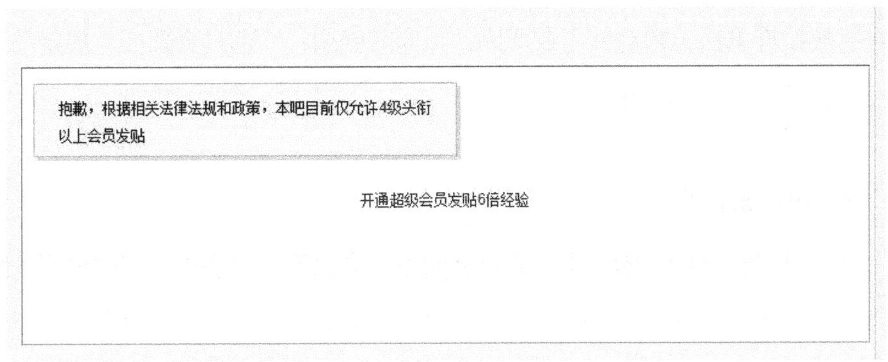

图 5-12　百度贴吧的发言限制

论坛同样可以借助这样的模式，设定“注册后 ×××× 分钟后才能回复，建议先浏览论坛置顶说明”的机制，这样就能有效避免广告党、灌水党及其他不相关的人进入社群。

5.3.2 社群成员惩罚机制的规则

为了保证社群健康有序的发展，惩罚机制必须引入。通常来说，社群惩罚机制主要由以下这几种模式组成。

1．小窗提示

这种惩罚主要应用于影响不大的错误，如成员不慎使用脏字，或是因为PC、手机等硬件缘故，出现信息反复发布的情况。管理员只需小窗提示该成员，并协助他借助解决问题即可。

2．私下单独警告

如果社群成员出现较为严重的违规行为，例如少量不当言论对很多社群成员造成影响，这时候管理员就应该主动与其进行联系，或是通过QQ、微信，或是直接拨打电话，咨询其内在原因，并向其强调："通过合理的、规定的手段投诉，而不是在社群内不断发牢骚。"

3．短暂禁言警告

随着社群成员的不断增多，成员之间不免会出现一定摩擦，有时候两人会在QQ群、微信群内出现轻微的争吵。对于这类情况，只要双方没有上升至人身攻击，那么可以给予二人短暂禁言的警告，管理员同时在对话框中说明："禁言一小时，待二人心平气和之后再解封。"

4．公开惩罚

对于多次劝说无效，尤其是直接采取谩骂等方式的社群成员，一旦发现，就应该公开惩罚。对于这样的成员，必须将其所作所为详细说明，最好配有图片截图、语音保存等证据，使其心服口服，也让其他所有社群成员引以为戒。例如李毅吧定期推出的"挂南墙"，就将一段时间内严重违规的成员统一公示，并具体说明原因，以此给社群带来健康的发展，如图5-13所示。

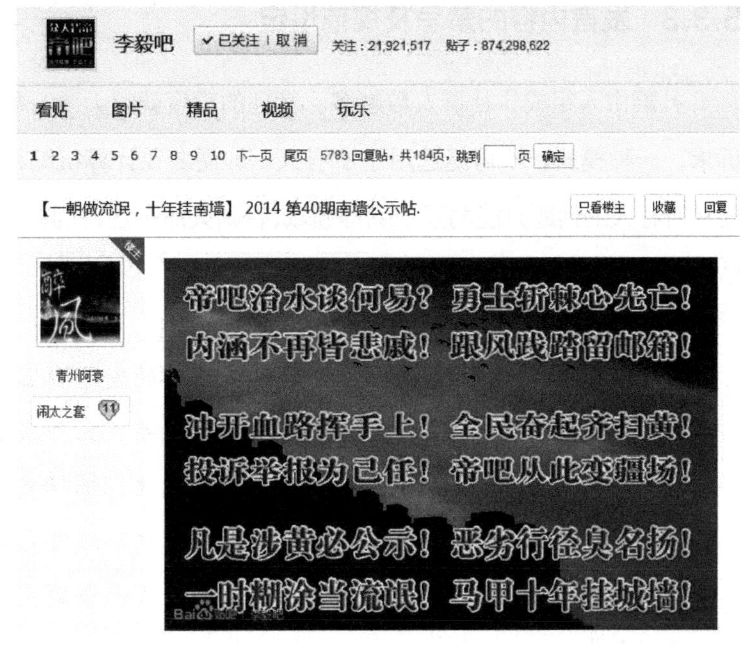

图 5-13 李毅吧公开惩罚主题帖

5．直接踢群

对于严重违规的社群成员，例如在其他社群不断散布本社群虚假负面信息，或是对其他社群成员采取金融诈骗、人身威胁手段，或是将明确规定不能对外流散的社群文件随意散发等，可以直接采取踢群的最严厉惩罚，并禁止其 IP 再次申请。同样，踢群信息也应进行公示，并明确说明其违反了哪些社群规定。

这些惩罚手段，都是保障社群健康运转的基础，所以无论社群中的任何人，都不能拥有特权，即便是“社群意见领袖”。罗永浩之所以在微博发送之前，会先交给公关团队审核，就是为了避免因为自己的意气用事口不择言，从而给整个社群带来不良影响。所以，没有人有特权，这是社群惩罚机制的底线。

5.3.3 发言内容的禁忌及规范设定

社群由人组成，社群人数越多，管理的难度就越大——每个人都有自己的诉求，一种模式，不可能适用于所有人。即便专业计算机编程社群，也不可能要求所有人的话题只能局限于编程领域，否则久而久之，社群内容就会无比空洞、枯燥，让人产生厌烦。

不少社群在创建伊始，就规定了严格的发言内容，甚至引入禁言机制，一旦发现新人讨论的话题与社群无关，立刻采取封号、禁言的惩罚。结果很多人不堪忍受这样的古板做法，选择直接退群。而在其他平台，他们大道苦水："去那个群干什么？简直是找罪受！无论你说什么，管理员都会直接封号，简直不知道那个群究竟有什么存在的意义！"

所以，对于社群的发展，一方面，我们需要制定一定的禁忌，规定哪些是严禁讨论的；另一方面，也应做出一定平衡，让社群呈现多元化发展：既有专业氛围，又带有生活气质，每个人都可以感受到快乐。

1．设定专门的"灌水时间"

社群管理员不妨设定规则：允许社群成员每天都有灌水的机会，例如早上九点之前，这时候绝大多数人都还没有上班，可以聊聊天气、心情等；中午 12 点至下午 2 点期间，也可以发发牢骚舒缓压力；晚上 6 点 ~8 点期间，同样允许社群成员灌水。而在其他时间段，尤其是上班时间内，则禁止发布与社群无关的主题。工作尚且需要劳逸结合，更何况以兴趣为出发点的社群？

2. 设定“广告时间”

移动互联网的便捷性，让越来越多的人在业余时间内都选择进军“微商”，以此赚取额外的补贴。微商的特点，在于需要在不同平台发布广告信息，吸引潜在用户。多数社群管理者对于这类广告，通常都是选择直接删帖、禁言等模式，殊不知这样很容易让社群成员心生不满。

那么，如何平衡社群发展与成员诉求之间的矛盾？方法很简单：设定“广告时间”。每一周不妨拿出半天时间，允许社群用户发布广告内容，并做出明确说明：如果有人咨询，可以进行私下的单线联系，不允许在社群内交流商业信息，否则直接封号。

想要最大限度避免社群沦为灌水群、广告群，最有效的手段，就是让社群内部有足够具备含金量的“干货”才是关键。就像一个多达 2000 人的红人培训 QQ 群，如果每天都有精选的干货文章发布，同时每周发起 2~3 次的线上、线下主题活动，那么谁还愿意冒着被踢群、禁言的风险，违反社群规定？提升社群在成员心中的存在感，这才是真正有效的社群制度！

5.4 活跃社群的六个方法

激活社群粉丝的活跃度，这是社群经营的关键。试想，一个网红拥有十万名粉丝，贴吧、微博、QQ都有自己的社群组织，但是粉丝们之间从来没有互动，仅仅点对点地观看网红的内容，那么怎么能够形成互联网话题效应？唯有社群粉丝们进行高频次的交流互动，社群才能创造出全新的延伸性话题，并吸引更多的网友进入。当社群活跃度极高，具有非常好的氛围，那么就会产生更高的网红黏合度，无论从话题到内容推送反哺网红，让网红的形象更为立体。

那么，激活社群的关键点在哪里？唯有场景化的活动。围绕着“场景”，这两个字，拓展社群的便捷，是活跃社群的唯一途径。

5.4.1 让社群充满场景化特质

未来的社群，场景化不再只是一个瞬间的定格，而是形成一套完整的体系，形成持续场景化发展的特点。换而言之：从进入社群的一刹那，所有社群成员都将始终处于场景化的包围之中。如图5-14所示，全新场景化能够提升社群的活跃度，进而将活动辐射到所有成员。如此一来，活动的各个细节都会被场景化，从而为社群成员营造出浓浓的归属感。

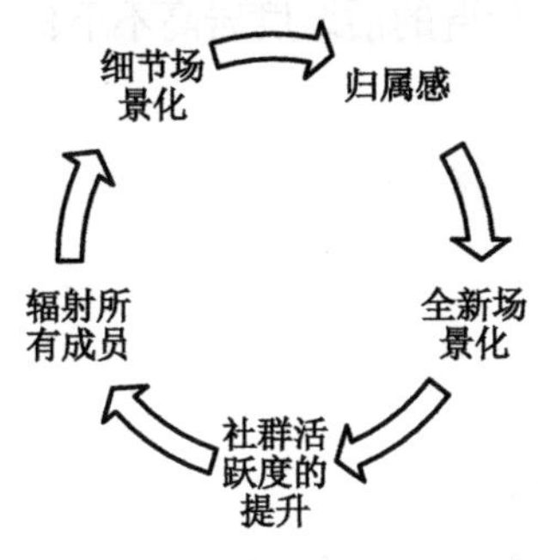

图 5-14　持续场景化形成的社群良性循环

社群每周都会举办线上视频分享会。届时，将会有行业精英嘉宾登场，为社群成员分享经验。而整个活动的策划与举办，几乎都由社群成员完成：主题策划小组、流程推进小组、美工团队小组、推广小组……每一个成员，都能找到自己适合的位置，为一场活动出谋划策。即便只是单纯的听众，在线上分享会结束之时，也将完成布置的课后作业。

一场活动，就是场景化的一次建设。而在活动的筹划期、推广期乃至活动结束期，场景依然存在，每个人都会在相应的环境中，完成自己的社群任务。成员的这份任务，并非由群管理员硬性安排，而是被社群文化所感染，从而主动加入活动的场景之中。

所有优秀的社群品牌，无一例外都将场景维持作为了发展的重点方向。小米、罗辑思维、秋叶 PPT、初心会，每次活动的举办，几乎所有社群成员都能找到自己的位置，并贡献自己的力量。

所以，有人说：社群是“乌托邦精神”的互联网体现——社群创造出了一个个真实的场景，然后由所有人一同推动完成。而网红，正是“乌托邦精神”的指引者。有什么样的网红，网红具备怎样的性格特征和爱好，就会给社群带来同样的文化气质。正是凭借着场景带来的画面，让所有成员将自己幻想成了“电影中的一部分”，这是现实中所不能实现的。就像社群线上视频直播，每个人都有机会成为主持人，但在现实生活中，这却是难以想象的。满足了幻想，就构建出了全新的场景，社群文化得以不断发散。

话题的设定，尽可能贴近社群成员的身份，让成员进入深度内心思考；举办各种丰富的社群活动，并鼓励社群成员去参与，去完成。当社群满足了每一位成员的内心诉求，自然会呈现爆炸式发展的态势，社群的活跃度居高不下！

5.4.2 网红及社群领袖的话题输出

对于社群来说，网红是什么？

他是精神象征——所有成员都以他为努力的目标；

他是动力象征——凭借自己的影响力，不断向社群输出价值观；

他是榜样象征——一举一动都会引起社群话题，并不断激发社群成员进行同样的思考。

从某种意义上来说，网红就是一台“发动机”，只有当网红和社群领袖足够活跃，才能创造一个又一个话题，并不断激发社群成员的参与、讨论与思考。网红不是冰冷的雕塑，而是话题制造机、内容生成器。这就是为什么罗辑思维尽管已经具备了足够的吸引力，但作为社群的精神代表，罗振宇依旧需要出现在内容输出的第一线上——由他发起的内容输出，比品牌官方账号发起的内容输出更真实、更具亲和力。

因此，这就给网红提出了全新的要求，如图 5-15 所示：经常登录社群，与粉丝们互动，然后分享自己最近的心得和思考，输出内容，经过社群领袖的深度加工后，会引发社群成员的广泛讨论，进而让新话题产生裂变。这个时候，网红就要适当现身，并加入讨论，这样才能在社群中引起轰动效应。总是刻意与粉丝保持距离，时间长了粉丝就会感到冷淡，认为网红根本不关心粉丝。

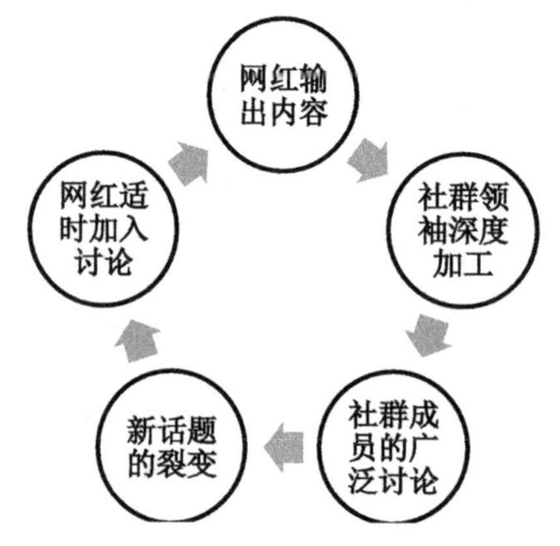

图 5-15　网红输出内容形成良性循环

当然，网红并不是社群的管理人员，很多时候他是社群的象征。因此，社群领袖必须通过配合，才能给社群带来源源不断的话题。

无论社群的规模如何，对于网红和社群意见领袖，一定要做到——创作内容、输出内容，并持续化。这个内容也许并不完整，但它应当具备足够的吸引力与讨论热点，从而形成多元化的模式。当每个社群成员都可以参与讨论之时，更多的声音就会出现，形成稳定且多元的社群模式。

当然，我们不能奢望网红一个人就完成所有内容输出的工作，社群领袖同样需要具备足够的思考能力，将话题不断细化、分裂，呈现多角度的传播模式，社群粉丝的讨论才能越广泛。例如，网红分享了一个极具内涵的故事，此时不同小组的社群领袖应当引导成员从逻辑角度、人物性格角度、文字角度等多方面入手，创造出多个完全迥异的话题场景。场景越丰富，参与热情越高。

5.4.3 稀缺有趣内容的输出

什么样的话题，最能激发社群成员的讨论兴趣？

与社群文化相符、社群成员感兴趣、社会热点、行业热点……

以上这些关键词，的确能够激发社群的讨论欲望。不过，真正能够点燃社群燃点的，并不仅于此：社群成员早已非常熟悉的话题，很难形成更具深度的讨论，因为太过熟知；社会、行业热点话题，有太多的文章去论述，同样很难再创造出更新颖的观点。

所以，真正可以激活讨论兴趣的话题，恰恰是建立在社群兴趣基础之上的稀缺内容。正所谓“最熟悉的陌生话题”，才更有讨论的价值，更利于思维的发散。

对于由3C数码红人而产生的手机社群，如何借助手机完成家庭娱乐中心的设置，一部手机管理电视、电脑，这是非常具备讨论价值的内容。

对于PPT类职业技能提升红人而产生的社群，如何借助PPT的功能，实现办公展示一体化，如音频、视频、思维导图的同步展现，这是非常具备讨论价值的内容。

对于由户外红人产生的社群，在哪一条骑行的路上，会有让人眼前一亮的景点，或是流连忘返的餐饮小吃街，这是非常具备讨论价值的内容。

对于读书、情感红人而产生的社群，一起分享哪一本书的影视改编最成功、最贴近原著，哪些音乐最适合阅读《百年孤独》时的氛围，这是非常具备讨论价值的内容……

…………

以上这些内容的设定，无一例外与网红的形象非常相符，同时紧扣社群的文化背景，但又做出了一定突破，因此社群成员必然会感到眼前一亮，用另外一种思维参与讨论。借用互联网最热门的一个词就是“脑洞大开”，只有让思维突破规则和惯性，并形成群体化，讨论的热情才会更高，甚至创造全新的社群话题！

想要实现这一目标，需要网红、社群管理层、社群意见领袖、社群活跃分子的共同努力，不断“脑洞大开”，为社群创造全新的话题思路和内容规划。而对于突出的内容贡献者和话题制造者，社群也应当给予相应的奖励，这样社群成员才能积极地寻找稀缺内容，创造更为热烈的话题讨论氛围。

5.4.4 营造积极的社群氛围

社群的活跃度，决定于社群中的每一个人。唯有每一个人都能感到快乐和兴奋，整个社群才能激发出无限的动力。

不可否认，尽管不少网红都开始涉足这一领域，但很多网红的社群都存在这样一个问题：每天社群都有很高的话题讨论度，然而仔细观察不难发现——较为活跃的人，总是集中于固定的十几人，绝大多数社群成员通常都以潜水为主。这些人，很多都是网红现实中的朋友，或是网红团队中的工作人员，而非单纯的粉丝。

这种状态持续下去，社群变得愈发狭窄与封闭，成为了极个别人数的“小圈子”，难以产生新鲜的活力。一旦这些人逐渐沉寂，或是成立新的社群，那么整个社群就会陷入沉寂之中。

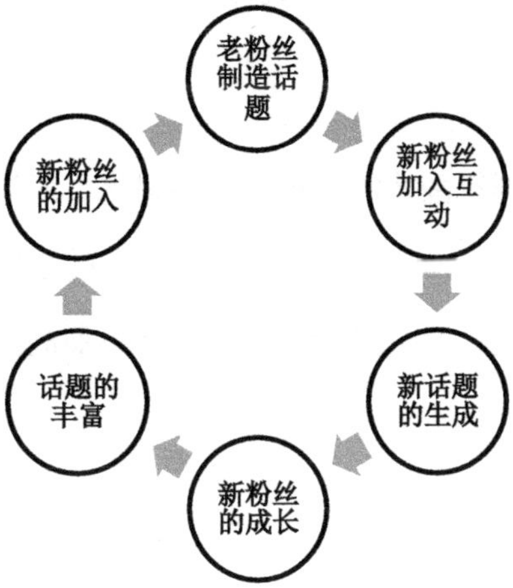

健康的社群，应当保持良性循环的模式，如图 5-16 所示。社群老粉丝不断制造话题，新粉丝主动加入讨论之中；新粉丝的不断反馈，让老粉丝感受到新鲜活力，话题更加丰富；随着成长，新粉丝渐渐成为社群中坚分子，开始影响社群更新的成员……而想要达到这一目的，就必须注意社群氛围的营造。

老粉丝制造话题
新粉丝加入互动
新话题的生成
新粉丝的成长
话题的丰富
新粉丝的加入

图 5-16 良好社群氛围形成的良性循环

社群氛围的营造，在于社群活动的丰富，尽可能满足每一位成员的需求，而不是固定一种模式，让一部分人养成习惯，新人难以介入。有人喜欢写段子，那么不妨设立“谁是段子手”的微博活动；有人热衷线上直播，可以在周末开通“直播达人”平台；还有人喜欢深度话题讨论，那么不妨制作社群杂志，让深度思维淋漓尽致地展现……

> 知名主持人王凯从央视离职后，开始创建“凯叔讲故事”的自媒体平台，并主打社群文化。一开始，“凯叔讲故事”的主要内容就是王凯发布儿童故事，吸引孩子与父母的关注；而随着社群成员的不断增加，“凯叔讲故事”迅速拓展社群氛围，建立了数百个QQ群和微信群，并与成员们一起进行创造，如《失控儿童节》、《失控圣诞节》、第一季的动画片《凯叔画剧》等。同时，“凯叔失控儿童节”“凯叔失控圣诞节”等活动也会通过社群的众包模式发起。各种社群活动的不断举办，以及亲子共度的场景建立，让家长、孩子们的交流欲望非常强，社群氛围始终非常良好，成为了目前国内亲子社群首屈一指的平台。而王凯也在褪去央视主持人光环的背后，成为了一名不折不扣的“网红”。

唯有行动，唯有合作，唯有交流，社群氛围才能不断形成并强化。所以，尽可能丰富社群内的活动，形成“固定活动＋临时活动＋每日话题”的生态模式，让社群粉丝能够轻松找到自己想要的场景，那么社群的氛围自然热烈高涨、打动人心。

5.4.5 定期举办线下见面会

在社群粉丝的眼中，网红就是自己心中的女神、男神，尽管互联网的便捷性让自己可以轻松与网红进行互动交流，但始终需要隔着一个电脑屏幕或手机屏幕，依然存在着一定的距离感；倘若能够和网红近距离接触，那么对他的喜爱将会更深一步！

所以，对于社群粉丝，网红就应该推出一定的专属福利——线下见面会。为了打通虚拟与现实之间的隔阂，让社群粉丝之间的交流更加深层次，并形成全新的社群文化，这时候，线下聚会就显得必不可少。

> “吴晓波频道”是目前运营最为出色的社群平台。依托于财经作家吴晓波诞生的社群，仅仅不到一年时间，微信公众平台粉丝就达到了100万人。随后，这些粉丝不断形成全新的社群，有逐渐演化出众多兴趣小组，爆发出了非常强大的生命力。而谈及为什么社群经营如此成功，吴晓波说出了这样一个数字：“每年，社群都会举办300场线下活动。不同地域、不同兴趣主题，让每一个群组都有了一个标签，这些人组合在一起，用互联网的玩法做各种事情，完全是互联网共享经济开花结果的一种形态。而我也会出席很多场现场活动，和粉丝们一起‘过节’，粉丝们的热情让我很感动。”

不同的细分社群，具有更加细分化的兴趣点，线下聚会的意义，就在于将某一个精准兴趣点不断扩散和深化，这样不同圈层将会更加牢固。尤其当线下聚会更侧重于分享、交流之时，社群的凝聚力将更加提升。纵观近年来优秀的社群运营品牌，无一例外都会关注线下活动，如罗辑思维的读书会、相亲会，小米的同城会、观影会等，这些线下聚会让社群之间建立了更加紧密的沟通桥梁。

那么，谁才有机会出席这样的网红线下见面会？毫无疑问，就是社群内的活跃分子。如小米、魅族等举办的大型粉丝节，能被邀请参加现场活动，可以说是粉丝心中至高无上的荣誉。所以，给予社群内知名活跃分子优先参与权，一方面既能满足他们喜欢“凑热闹”的心态，一方面又可以发挥他们的长处：发图片、发视频、手机直播等。当他们感受到自己有“特权”，就会将自己的热度延续下去，并不断制造话题。而其他社群成员对此也会分外“眼红”，因此努力让自己成为活跃粉丝，得到与网红近距离见面的机会。

5.4.6 巧用红包激发社群活力

2015年春节，微信直接发起了“红包大战”，这种“简单粗暴”的模式，让越来越多社群运营者发现：红包同样可以创建场景，并吸引大量新成员的加入！

很快，微信群、QQ群红包掀起了大规模的红包派送活动。红包的出现，为社群带来了一种狂热的“游戏场景”：盯紧屏幕，时刻观察红包何时从天而降，然后第一时间进行点击。一时间，社群成员数量激增，社群活跃度暴涨，无数新人通过各种渠道加入社群，意图加入这场激烈的“抢红包大战”之中。

微信群、QQ群的红包模式，创造出了前所未有的场景：所有人目标一致，精神高度统一。不过需要特别提示的是：红包所创造的场景属于“弱场景”，它的基础在于“红包”，即现金。很多人之所以选择加入社群，关键在于“有利可图”。甚至，有的人加入社群长达数天，甚至都不知道社群的定位是什么，主要受众群体是哪些。图5-17所示的是单一红包场景的弊端，如新人泛滥却不精准、活跃度高却无黏合度、无法创造有效的话题等。

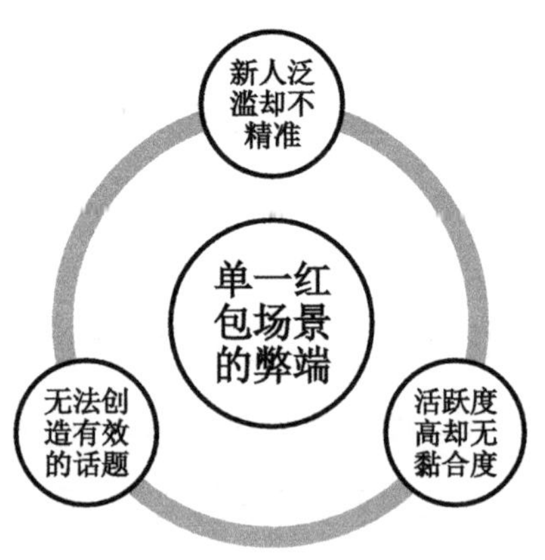

图 5-17 红包模式的不足之处

因此，社群不可过分依赖红包模式创造场景，而是应当将主要精力放在社群运营与维护上。“红包易抢，场景难搭”，这就是为何很多社群一开始轰轰烈烈，但很快便陷入沉寂的主要原因。

归根到底，一个社群的活跃与否，一个社群是否拥有众多的活跃分子，决定了整个社群的发展规模！而社群的规模，也直接关系着网红的影响力和变现能力。所以，想要成为顶级网红不是一个人的事情，这需要网红本人和身后的团队共同努力，引导粉丝们活跃起来，创造出一个多姿多彩的社群世界！

5.5 创造社群文化，增强粉丝黏性

无论是淘品牌网红还是自媒体网红，一旦创建社群，就意味着新的文化将逐渐形成。倘若始终不能建立精准的社群文化，整个社群就会像一盘散沙一般毫无凝聚力，粉丝轻易就选择了退出。因为在粉丝看来：这样的社群毫无价值，不要说带来积极的正能量，甚至连快乐都少之又少。缺少文化底蕴，社群终将不复存在。

对于张大奕的社群来说，她的社群文化就在于“对美的创造”：如何搭配、如何 DIY 专属服装，这是社群的基础；从这里延伸，那些不出名的小景点同样美不胜收，是自拍、拍写真的最佳场地……社群文化始终围绕着“美”，因此每个进入社群的粉丝都会感到如沐春风，不仅得到了网红的更多信息，还与社群粉丝建立了友谊。这样的社群，黏性自然很高！

那么对于网红社群来说，如何创造社群文化，增加粉丝黏性呢？

5.5.1 增强社群凝聚力的利器：活动

社群运营的重头戏，即为活动。相比社群内三三两两的话题，以及时而发放的红包，活动无疑更注重仪式感、流程感，并且几乎所有人都有机会参与。社群内的小型活动，无论从发起到组织，再到场地协调等，几乎全部由社群成员完成，参与度极高；而对于大型活动来说，这不仅提升了社群成员的参与感，更带来了极高的荣誉感与“逼格”！

图 5–18　网红“回忆专用小马甲（马建国）”社群直播活动

所以，无论张大奕还是同道大叔，都曾发起过“淘宝直播秀”和“线下座谈会”的活动。就连一向真人不露相的网红“回忆专用小马甲”，也发起了盛大的直播秀，为粉丝带来全新的社群活动，如图 5-18 所示。他们的运营团队，早已深知活动对于社群凝聚力的作用。单纯的线上社交交流，只能吸引到粉丝们的喜爱，这是初级的；只有更近距离的活动，才能让喜爱升华为“爱”。

如何发起社群活动？以下这几个细节必须特别留意。

1．确认培训课的主题

首先，网红和团队必须确定好主题是什么，可以让粉丝快速了解这次活动的内容。主题不能击中社群用户的痛点，即便准备得再完善也是完全无效的。

2．确认嘉宾邀请名单

对于社群而言，活动的嘉宾，最好可以由社群粉丝组成。网红提前在微博发出“嘉宾邀请函”，设定一定规则，最终通过的粉丝可以成为本次活动嘉宾，这会顿时点燃社群粉丝的参与欲望。

3．发布预告，强调规则

主题、嘉宾以及活动时间确定之后，社群就应当借助微博、微信、QQ等进行预告发布，同时鼓励社群成员积极转发。同时，社群管理员必须每天在社群内说明“倒计时还有××天”，以此营造出“战备氛围”。在这种气氛的影响下，绝大多数的社群用户都会在潜意识里告诉自己：这次活动绝对不可错过！

进行倒计时预告的同时，社群管理员还应当强调规则：什么时候是提问时间、哪些情况尽量不要插话，即便遇到问题可以先和管理员沟通。这样才能保障活动的节奏，不至于被不断的发问打乱。如果有成员过分违规，可以第一时间采取“临时禁言”的方法，保证气氛不被破坏。

当活动成为社群的重要组成，定期网红就会主动与粉丝们进行面对面的交流，然后在活动中不断传播积极向上的价值观，引发社群粉丝大讨论，那么社群的文化就会逐渐形成，并吸引越来越多的粉丝加入社群之中。

5.5.2　打造社群专属的“内容创作团”

无论怎样的社群，都很难做到社群成员的水平完全一致，即便网红是“谷大白话”这样的精英分子，其社群中的粉丝们水平也难免良莠不齐。倘若没有合理的手段进行提升和整合，那么久而久之，社群成为一团散沙，话题没有统一性，导致精英粉丝不愿说话，普通粉丝的内容又过于低下，粉丝的黏性大为降低。

所以，必须创造出一套有价值的内容，从而引发粉丝们进行积极思考，形成社群文化。最好的方法，是从社群粉丝中选拔出一支团队，进行专业内容的创造。这个团队的成员，不一定是非常活跃的社群分子，但一定要有见地、有知识，其领头人尽可能是社群引荐领袖。正如“知乎”平台，除了传统的问答之外，其还开设了“知乎专栏”，邀请行业网红入驻，脱离问答形式的束缚，对一个领域进行深入解析，因此大量的优质内容源源不断地出现，很容易进行内容输出。

同样，李毅吧能够成为百度贴吧最瞩目的品牌，正在于“帝吧文工团”的活跃。不断挖掘娱乐达人，并源源不断地制作相关节目，因此贴吧自然“人气爆棚”。所以，打造出由社群成员组成的“内容创作团”，是社群发展到一定时期的必经之路。

那么，这支“内容创作团”所创造的内容应当是什么？可以根据网红的自身特点，挖掘出源源不断的新闻亮点和深度解析，并形成电子杂志，供每一个粉丝阅读。当这样的内容足够精准并且有思考价值时，整个社群就会透出强烈的“向上欲望”，粉丝们的追求逐渐统一，此时社群文化自然轻松形成！

5.5.3 粉丝成嘉宾：每个人都有曝光机会！

越来越多的网红，都开始借助视频的功能与社群粉丝们进行交流互动，这一点，已经不再仅限于视频型网红。并且，视频的便捷话、可视化，让视频类型也更为丰富：访谈直播、培训直播、社群“达人秀”直播等。对于这些活动，网红本人不妨将权利交给社群成员，尤其是对于“活动嘉宾”，尽可能进行轮换制，让每个社群成员都有机会参与——也许某个人的水平有限，出现了一定纰漏，但活动的重点是网红，很少会有人对粉丝的失误而纠缠不放。

例如，视频节目前的热场活动，视频直播过程中邀请粉丝曝光，与自己进行直接的视频对话交流，或是邀请粉丝根据自己的想法阐述内心，这样，就可以符合社群的核心：去中心化和多中心化——没有绝对的中心，但每个人都可以成为焦点，哪怕只是短暂的五分钟。因此，社群运营就在于调动每个人的积极性，参与到社群建设之中，这样社群的发展才是健康有序的。

5.5.4 打造社群专属的入群仪式

很多经营社群的网红，都有这样一些疑惑：为什么进入社群的人很多，但多数都选择了沉默？毫无生气的社群，怎么可能形成社群文化？

其实，这并不是社群新粉丝的错。任何一个社群成员，必然需要经历了解品牌、喜爱品牌、进入社群、成为社群成员元老的过程。但是初进社群之时，他与其他人都不熟悉，很难立刻与所有人打成一片，此时要求他立刻成为活跃分子，这显然是不现实的事情。

也许你会说："我们的社群有一套很有趣的入群仪式，这种仪式不仅让我熟悉了社群，也让社群熟悉了我，所以从我进入社群的第一天起，几乎没有产生任何隔阂感！"毫无疑问，这是一个成功的社群。

一套完整的社群入群仪式，会给社群成员带来强烈的仪式感，从而给予自己一种强烈的自我暗示，专注力、反应力、运动力迅速提升。在心理学上，仪式感的目的就在于用一套精准的外界刺激，对意识进行引导，产生信赖感，从而带来强烈的心理暗示。

网名为"A神"的骑行爱好者是"北京户外达人"社群的活跃分子，说起自己为什么非常喜欢这个社群之时，他说："我是被朋友邀请来的，进群的第一天，我就感觉被'镇'住了。刚一加入群，我就看到进群公告，然后按照要求发布了自己的旅行照片，同时还对其他朋友的照片做出了几十字的点评。随后，管理员还主动联系我，让我在相关论坛进行'新人签到'，总之非常贴心，非常具有仪式感。这让我感到很专业，和其他户外社群的松散模式完全不同，更让人信赖。"

对于社群而言，如何创造一套完整的社群入群仪式，对成员第一时间进行“精神洗脑”呢?

1．修改名片，主动“爆照”

当有新人进入社群之时，社群应当通过系统邮件、群公告等方式，第一时间告知成员：修改自己的名片，按照相应格式完善自己的信息，否则不能进行发言；同时，上传自己的真实照片，让更多人认识自己。

2．主题帖签到

社群可以引导新人至相应版块进行“新人签到”，不必洋洋洒洒上千字，但可以简要说明自己为什么加入社群。

3. 完成社群任务

如果社群的形式以论坛或 App 形态为主，那么社群运营方可以开发相应的“社群新人任务”，在正式注册之后完成如头像修改、社群说明阅读等任务布置，方能正式进入社群；尤其是对于社群内的精华帖、问答帖，一定要让成员阅读、点赞后才能进行回复。新人第一时间了解整个社群的文化、特点、优势，从而不至于与社群其他成员产生太大的陌生感与隔阂。尤其是当社群任务与网红相结合时，就会更加有趣。例如，设定一些问答题，就是很好的方法。

(1)你是知道××××(网红)的第一条视频是在哪里首发的吗?

(2)请用三个词，说出你对×××的印象!

(3)×月×日的线下见面会，在哪个城市举行?

4．活跃分子的热烈欢迎

社群建设伊始，社群管理员、社群意见领袖应当有意识地建立“新人欢迎模式”，号召所有成员欢迎新人加入，并以轻松的口吻“要求”新人自爆美照，快速展开互动。让新人感受到社群充满极高活跃度，同时很容易加入组织、参与话题，就能快速对社群产生精神层面的喜爱与依赖。

5.6
复制社群，形成规模效应

随着社群粉丝的不断增加，社群进入全新的时代。此时，单凭数个社群管理员，已经完全无法应对动辄上万人的管理。同时，社群粉丝的数量激增，也导致新的文化形成，尤其呈现明显的地域化特征。例如，倘若今天该红人在北京做签售会，那么势必北京地区的成员最为活跃；后天在广州进行活动发布，广州的成员必然最为活跃。

过于庞大的社群，很容易出现话题无法集中的态势。所以此时，社群不妨引导社群粉丝进行“社群复制”，利用“分舵模式”，创造出更多的细分社群，从而形成规模效应。

5.6.1 复制社群，创造细分社群

如图 5-19 所示，这是胡夏的区域社群，它们依托于胡夏主社群存在，具有共同的社群文化。但同时，每个社群又会建立地区性的文化特质，让社群文化进一步细分。可以说，这种地域化复制的垂直社群，既满足了不同地区的社群成员需求，同时完善、补充了社群文化，创建了全新的亚文化社群体系，因此更具影响力和活跃度。多位一体，社群文化的传播才更具效果和效率。

◆第五部份·后援会官方Q群

注意：多个群的地区请加最新群，前面的群基本已满员。请只选择其中一个加入，不得重复加群。

【地方群】
北京群75223602
东北群103829813
山东1群73546020
山东2群210866949
山东3群244245031
湖南群247918052
四川群172722003
重庆群112839034
上海群106243089
海南群110405299
福建1群95875715
福建2群212985324
江西群76631903
山西群171666836
浙江1群108215537
浙江2群129296594

图 5-19　胡夏社群的区域细分社群

而一旦胡夏在某个地区开展活动，毫无疑问，当地社群将会形成非常热烈的气氛。同时，其他地区的细分社群也会加入互动，例如留言、顶帖。这样一来，社群的话题将会更加丰富，粉丝的互动性更强。

5.6.2　细分社群建立的细则

复制社群，意味着社群的规模进一步壮大，更加让网红的气质呈现多面化发展。但是，社群的运营不是一件容易的事情，因此必须保证细分社群的管理员有足够能力，同时主社群也应当积极行动，配合细分社群的发展。

1．对社群文化高度认同

首先，分舵社群必须高度认同社群文化，它们的精神应当是延续的，而不是完全独立。地区垂直社群应当接受主社群的监督，可以积极配合主社群发起话题互动。主社群应当在显著位置公布细分社群管理人员的相关信息，以此让粉丝更好地找到组织，同时接受监督。

2．按照主社群的要求建立

对于地域性社群而言，多数并非由主社群直接管理，因此会出现管理不善的情况。为了避免地区社群负责人徇私舞弊，在建立前必须让申请人明白主社群的影响力，申请人是否接受主社群监督、认同社群文化，申请人是否有足够时间管理社群，申请人是否有活动组织的经验，申请人是否在区域内具有知名度，申请人是否愿意接受培训等，否则不予批准，如图 5-20 所示。这种机制，既可以让地区社群申请人明确自身的权利与义务，同时以专业的态度和素养来运营、服务社群。

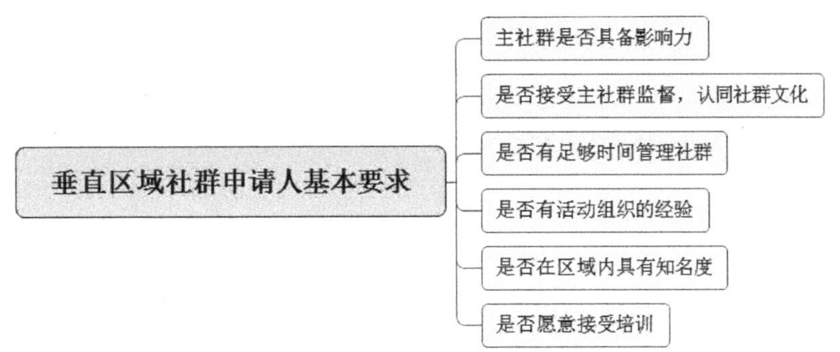

图 5-20　细分社群申请人的基本要求

3．主社群与区域社群互动

对于垂直区域社群，主社群应当给予足够的关注，例如举办大型活动，主社群应当在微博、微信等平台进行预告、展示，帮助垂直区域社群提升社群影响力。甚至，主社群可以提供相应道具、活动材料、派遣专人奔赴现场，帮助细分社群的运作更为专业、合理。一旦形成良好的互动关系，那么所有社群都将建立完整、统一的价值观，让社群影响力进一步提升，社群文化向深度拓展。

5.7 构建社群品牌，形成品牌影响力

社群，是网红的延伸。社群的出现，让网红不再孤单，从一个单独的个体发展为群体，无数的社群成员，让网红呈现出了更广阔的文化效应。所以，社群不仅只是一个组织，它同样是一个品牌，体现着网红的影响力和整体素质。例如同道大叔的社群，就表现出了很强烈的娱乐精神和漫画爱好；而秋叶的社群，则表现出了浓郁的职场特征和白领意识。这些都是社群品牌的展现。

所以，想要经营好红人社群，那么就必须根据网红自身的特点，努力打造社群品牌形象，让品牌影响力得以不断发散。

5.7.1 培养社群的粉丝习惯

罗辑思维的社群文化在于思考、知识与独立；

豆瓣网的社群文化在于文艺、清新、小情怀；

锤子手机的社群文化在于独特、前卫，特立独行；

小米手机的社群文化在于时尚、年轻、潮流；

…………

以上这些，都是不同社群的不同品牌形象。当社群品牌文化正式形成，就

会出现“羊群效应”——没有一个锤子手机的用户，会说自己是随大流的、不喜欢独立文化的。当这种社群文化进一步发酵、扩散，甚至裂变，很快就会产生新的能量，并不断输出。

只有具备输出能力的社群文化，才是有生命力的社群。就像苹果刚刚进入我国之时，当精英分子、白领将苹果手机作为首选之时，苹果文化开始不断输出：“为什么这些人都买苹果手机？我如果不买，会不会显得比较 LOW ？”

苹果手机的高端定位、独立美学，给苹果的产品带来了与众不同的文化。这种文化被社群所接纳、分解、再创造，并开始对外输出，因此苹果手机并没有做铺天盖地的广告，但客户忠诚度与购买欲望却是最高的。几乎所有准备购买苹果的用户都会这样思考：“当我拥有了一部苹果手机，是否就意味着自己也将跻身精英分子行列？”

“无论一个人有怎样不同的生活方式、职业与性格，一旦进入某一个圈子，与更多的人形成团体，那么他的思考方式与独立状态是会呈现明显不同。而这个圈子，会明显影响到身在圈子之外的人。”

这就是“羊群效应”的典型状态，它同样可以适用于网红社群。一旦社群粉丝形成共同的习惯，那么他们就会不由自主地给自己贴上标签，并不断辐射社群之外的人。这一点，在罗振宇的“罗辑思维”社群粉丝身上有着明显的体现。

罗辑思维开创了“自媒体会员付费”的模式，这对习惯了“免费”的国人来说，似乎很难成功。然而，每一期罗辑思维会员开放之时，都会有很多罗辑思维的成员询问如何购买，甚至炫耀自己是花了钱的“铁粉”（忠诚粉丝）。一些没有购买成功的成员，甚至几天内都不好意思说话，觉得自己“不配是罗辑思维的一员”。

习惯，最能体现一个人的内涵。正如张大奕，她有追逐时尚、关注细节的习惯，所以当这种习惯不断引导给粉丝之时，社群形成了自己的独特文化气质，从而形成了完整的社群品牌。

5.7.2 专属标识，传播社群品牌

为什么，每个品牌都有自己的 LOGO？

因为 LOGO 即是品牌的图案体现，它不仅代表着品牌的名字，更代表着品牌的理念、风格和形象。就像我们看到了耐克的对勾 LOGO，就会立刻联想到体育，联想到一个个足球明星。

社群也是如此，想要形成品牌影响力，让网友看到图案立刻能想到网红，想到社群组织，就必须建立自己的专属标识。比较标准身份标识，特殊身份标识更能凸显一个人的爱好、文化，甚至成为直接变现的产品。例如“个性网”就曾推出付费版木的特殊身份标识，并取得了很好的销售反馈，如图 5-21 所示。

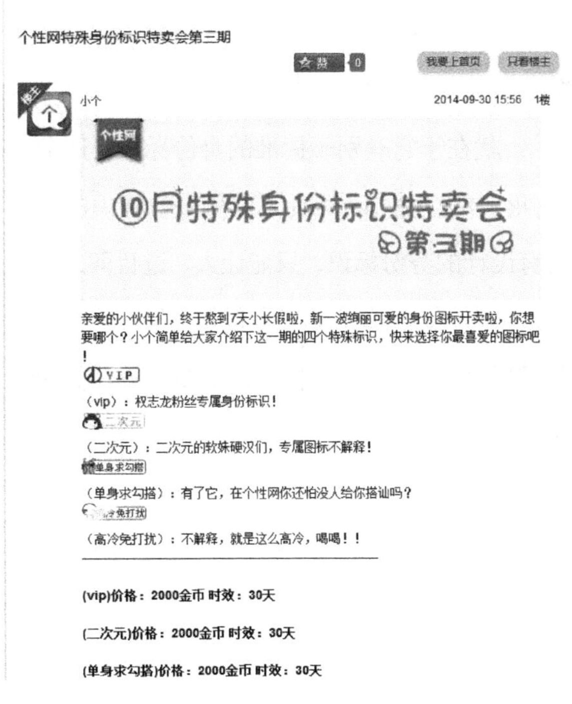

图 5-21 个性网特殊身份特卖会

极具专属感的身份标识，让权志龙粉丝以及二次元文化的社群成员，找到了极高的认同感，因此自然愿意付费购买。而从个性网的特殊身份标识变现，我们也能找到相关规则。

1. 社群内的高亮显示

社群粉丝之所以购买特殊身份标识，就是为了展示自我的特点与喜好。因此，特殊身份标识必须能够高亮显示，尽可能在社群 ID 处出现，甚至让其成为重点。

2. 特殊身份的发放时间

一般来说，社群特殊身份标识的发放时间，应当在重大活动或节日期间。例如当社群将会举办大型线上活动，那么不妨在两周之内，给予活动发起人的特殊身份高亮，以此起到鼓励、赞扬的目的；春节期间，绝大多数人都选择与家人共度时光，社群活跃度较低，这时不妨提前给几个社群活跃分子颁发“春节特邀值班管理员”，以此提升社群成员的认同感与自豪感。

3. 特殊身份标识的个性化

特殊身份标识之所以“特殊”，就在于它有别于标准的身份标识，形象、文字较为夸张，这样才能体现社群用户的个性化。因此，特殊身份标识的设计一定要突出个性、独特。平庸、没有设计的身份标识，只能让人“过目即忘”，完全无法体现“特殊”的内涵。

总而言之，社群的专注标识，既要体现出网红的特点，又要让粉丝们能够轻易分辨。例如，用网红的漫画头像作为社群标识，就是非常好的手段之一，同时利用不同的色彩搭配，体现出不同级别的粉丝等级，这样会更加形成社群内部的竞争和交流机制。

Part6

做好内容运营，干货才是核心竞争力

有了社群，网红就有了雄厚的资本，可以在互联网的世界中更加展现魅力、凸显商业价值。但不要忘了，社群是人与人的聚合，倘若没有有效的手段去维护，那么久而久之，粉丝们就会感到乏味，活跃度会逐渐降低，最终沦落为“路人粉、僵尸粉”。所以，想要通过社群粉丝的能量源源不断地展现自我、输出价值、拓展变现，那么就必须做好社群的“内容运营”，用精彩的内容感动粉丝、刺激粉丝、影响粉丝！“内容为王”这四个字，在网红经济时代同样不过时！

6.1 内容必须带足标签，足够个性化

网红最重要的工作，就是不断推送各种信息，以此给粉丝带来心灵上的愉悦。那么，什么样的内容推送，才能真正打动粉丝？

毫无疑问，网红所发布的内容，首先要与自己的定位相关：正如张大奕发布的内容，集中于时尚领域和自己的生活，而不会发布我国重工业发展态势；其次，要紧扣粉丝的身份属性和特质，并且做到足够个性化，给粉丝带来独一无二的标签。这样的内容才能真正打动人，才能激发出粉丝们的热度。

6.1.1 符合粉丝的标签心理

罗辑思维是最早利用社群进行盈利的品牌。2013 年 8 月，罗辑思维正式开始会员制时，并创造了一个奇迹：6 个小时完成 5500 个名额的销售，盈利达到 160 万元，让之前很多不看好社群模式的人大跌眼镜。

罗辑思维之所以创造出这样的奇迹，就在于罗辑思维的社群粉丝具有共同的兴趣——独立、思考、热衷于思维的锻炼。而罗辑思维所提供的内容和互动平台，给这类人提供了极大的满足，因此在这一天创造出了全新的商机。

凯文·凯利的《技术元素》中有一篇《一千个铁杆粉丝》，说“任何创作艺术作品的人，只需拥有 1000 个铁杆粉丝便能糊口”。这正是优质内容所带

来的全新商机。罗辑思维的每日60秒推送、读书分享，无一例外都贴着“独立、思考”这两个标签，因此当关注者收到内容时，自然会感到很符合自己的身份，因此愿意去互动交流。

同样的奇迹，存在于另外一个“电台网红”常晓航的身上。常晓航是北京音乐广播的明星栏目——“节奏驾到”的主持人，这档节目是一档音乐节目，并以电子、嘻哈为主，因此“节奏驾到”在社群中着力的兴趣点就放在了“时尚音乐”之上。常晓航不仅尽享和网友分享各类音乐方面的话题，还与北京诸多DJ、夜店建立了合作关系，社群粉丝可以享受这些内容服务。精准的兴趣标签，让“节奏驾到”的社群中形成了一批稳定、死忠的粉丝，因此“节奏驾到”也成为了背景音乐电台的知名节目。

所以，无论网红具备怎样的定位，对于内容推送必须贴合粉丝的心理，就像视频直播类网红，推送的内容应当是主播情感互动、直播技术大揭秘、头号粉丝上节目等；反之，如自媒体类网红，推送的内容应当足够精彩、有深度，结合社会热点撰写精彩长文，这样才能给老粉丝们带来更强烈的情感关怀，并吸引到新粉丝们的不断进入。

6.1.2 借助“特殊粉丝”制造个性内容

网红的内容制造，有时候不一定局限于网红本人。其实，粉丝正是“网红文化”的重要组成部分，所以粉丝同样可以成为非常优秀的内容生产商与运营商。尤其在微博，这个充满了公开化，同时又汇聚了诸多网红的平台，很容易借助“特殊粉丝”的力量，不断制造内容。

许嵩是不折不扣的网红，凭借着在互联网上不断发布音乐的动作，他终于成为了著名的歌手，并且拥有着大量的粉丝。与传统明星相比，许嵩显然更加互联网化，更加草根化，如图6-1所示。

图 6-1 许嵩微博官方后援会

但不可否认，走到今天的许嵩，已经不再是单纯的“草根”，具备了一定的社会地位，因此很多内容的发布，并不适合其本人进行。这种情况，在 papi 酱、张大奕等人的身上也有着明显的体现——一旦走红，就意味着受到一定限制，即便再“接地气”，也不可能如普通网友一般。

所以，当这个名为“许嵩全球歌迷会”的微博账号出现时，许嵩的内容制造显然更加立体和丰富。因为，这个账号既是许嵩歌迷的集中地——各地活动发布、网友访谈、周边产品……每个歌迷之间都可以进行高频互动；同时，它也是许嵩个人账号的补充，许嵩的工作照片、生活照片等，能够更加“亲民”地进行展示。而这个账号的运营，既有经纪公司负责，也会有粉丝不断发送素材，因此活跃度非常高，评论、转发、点赞都会达到很高的数量。

微博的平台场景建设，主要侧重于粉丝、话题，并且不被地域所限制。同时，微博用户还会不断创造 UGC 内容，非常有利于社群的分享传播，并呈现裂变式效应。在特定兴趣和特质的关系群体中，通过信息交流互动，进行信息分享、价值互通和增值，会让网红的形象更加饱满。因此，我们不妨创造出这样一位“特殊粉丝”，以此作为网红的补充，生产出更多有意思、有态度、更丰富、更个性的内容。

6.1.3 巧分组，巧发送!

在微信公众平台，有一个特殊的功能：可以将粉丝进行分组。这个看似不起眼的功能，却给了我们一个机会：对用户进行分级。分级的模式有很多，但主流的模式主要是通过时间划分：新用户、老用户。针对这两种用户，我们可以发布不同的内容，用新颖有趣刺激新用户进行朋友圈转发；对老用户则主要进行深度维护，激发他们进一步与品牌产生联系。

为什么不建议根据职业、年龄、性别进行分组？关键一点在于我们很难通过简单的账号介绍就得出准确的结论，并且很多用户在填写资料时也是随手一写，具有很大的不真实性，而我们又不可能逐个咨询详细信息，这样既造成了不可想象的工作量，又会给用户带来“窥探隐私”的不好印象。

6.2 不同传播平台内容风格要有差异化

不同的平台，有不同的风格和特点。尤其对于全平台运营的网红来说，必须找准各自平台的风格，形成差异化传播，这样才能让自己的形象更加立体和饱满。

6.2.1 微博平台的传播：更自由、更真实

微博具有快速发言、公开阅读的特点，并且人人都可以看到相关内容并评论、转发，因此即便不关注账号，同样能够进行有效互动。由此可见，微博的社交属性更为清晰，它的定位就是互动社交。所以，更自由、更真实的简短内容，最为适合在微博平台传播。图 6-2 为和菜头的微博内容，非常有趣、简短。

图 6-2　和菜头的微博内容

可以看到，和菜头的微博内容，通常集中于生活领域，透露出生活的小点滴。所以，微博打出了"随时随地分享新鲜事"的理念，通过快速发布身边的新鲜事，实现网友间的互动，这是微博的定位。这就是为什么，作为"老牌网红"的和菜头，一方面会在微博世界发布一些小段子和网友互动，而在微信公众平台发布"槽边往事"的深度文章。微博的社交属性显然更为明显，所以对于微博来说，主打社交内容是核心。

所以，对于微博的内容，不妨多一些生活化、趣味化的侧重，例如自拍、偶遇的一些趣事等，以此给粉丝带来更真实、更生活化的自我。

6.2.2 微信平台的传播风格：公众、群聊必不可少！

对于微信而言，平台的内容传播，主要表现为以下两个方面。

1．公众平台主推深度好文

微信的公众平台与微博相比，没有字数限制，同时可以配合音乐，倘若借助第三方助手，甚至可以打造出非常高端、深度的经典文章，因此非常适合主推深度好文。

例如，对于淘品牌网红来说，在信息推送时，不妨做一个重点推荐，将这款产品的信息一一解读，例如品牌知名度、市场热度、口碑度、实用度等。尤其是对于创意手工类产品，来一个"制作图解秀"，将制作过程以图解的方式一一呈现，这将会吸引更多用户的关注。

2．建立群聊组

微信还有一个重要的功能，就是组建群聊。表面上看，群聊只是一个交流的闭合圈子，不容易直接生成内容，但事实上，这个彼此交流、互动的环境，其实就是一种“特殊的内容”。

建立群聊组的目的，是为了让粉丝们可以围绕着网红展开交流互动。当粉丝与网红逐渐成为朋友，当粉丝相互逐渐成为朋友，这时候网红的黏合度就将会更高。

所以，作为网红本人，也不妨加入群聊组的聊天之中，这样会给粉丝留下一个“有血有肉”的形象，让粉丝感到这个微店是有活力的，是灵动的。这一点，也非常符合社群的建设理念。

> 周小姐是一家女装微店的经营者，随着销量的不断增加，她和很多消费者都成了朋友，经常通过微信聊天。一开始，微聊群只有十几个人，但是周小姐依旧频频发言，询问大家对微店有何看法，还有哪些衣服是姐妹们喜欢，小店里却没有的。
>
> 久而久之，当所有人都比较熟络之时，她们的话题也渐渐不再局限于女装，生活、感情、工作的话题也多了起来。有一次，一个女孩和男朋友分手，周小姐就和其他组员一起安慰她，帮助她走过了人生的低谷。这个女孩很感激周小姐的热心和善良，不仅成了微店的忠实用户，还发展了不少同学也加入微聊群。正是凭借着这些姐妹们的介绍，周小姐的微店在半年后就成为了皇冠店铺。

可以说，周小姐在某种层面上已经成为了网红。贴心的关怀，正是周小姐所生产的优质内容。所以，建立群聊组，积极与粉丝们互动，这正是微信给予我们最好的内容生产渠道。

6.2.3 社交平台，营销不是全部！

借助社交平台进行营销推介，这成了越来越多网红都会采取的手段之一。

不可否认，凭借着自己的影响力，以及庞大粉丝群的存在，网红借助社交平台营销，能够取得很好的效果，这本身也是网红变现的重要渠道。但是不要忘了，社交平台的核心在于“社交”，倘若只用来营销，你慢慢就会发现：在初期的火热和辉煌之后，粉丝的参与度、互动度都大为降低。

新浪微博、微信，它们的第一功能是什么？社交！也就是说，这些平台给我们提供的首要功能是进行交流，与朋友交流，与粉丝交流。借助小小的智能手机，我们与更多的人找到相同的心理诉求，接近的兴趣爱好，然后可以进行讨论和分享。而对于营销的开发，正是建立在这个基础之上的。没有兴趣点，只剩下单纯的广告推送，这样的社交网络营销，必然是充满浓浓的商业味道，会让人所反感的。

试想，如果你到了一家游乐园，这里的一切都透着让你花钱的企图，即便长椅上也挂着“坐一次五元钱”的牌子，你会有何种感受？恐怕早已愤怒地离开！

新浪微博、微信公众平台也是如此。所以，无论我们在这些社交网络中进行怎样的营销，永远都不要忘了这一点：这里是社交网络，它可以帮助我们进行营销，但不等于它就是单纯的营销工具。

想明白了这一点，再进行社交平台的运营之时，就应该放弃过多、过频的营销内容。

6.3 不断寻求内容与粉丝需求的契合点

什么样的内容，才是粉丝真正喜欢的？如何进一步拓展，让网友感到内容与自身完全契合？这是网红经营粉丝群的核心所在。只有找到了内容与粉丝的契合点在哪里，那么所推送的内容才是真正能够打动粉丝的。

6.3.1 找准粉丝内容发散，并定期进行调查

什么样的内容，最能契合粉丝需求？毫无疑问，必须与粉丝的定位相一致。

例如，汽车领域的网红，终日的推送内容是化妆品，这显然与粉丝需求完全不符，无法击中粉丝的痛点。只有侧重于汽车领域的内容，才是真正有效的内容。

这一点，几乎所有网红和团队都能做到。但仅仅这样是不够的：没有话题的延伸，久而久之粉丝就会感到疲倦，再优质的内容也会“食之无味”。

那么该如何精心调整，让新的内容可以继续满足粉丝需求？唯一的原则，就是根据粉丝定位进行“关联延展”。例如汽车网红，在常规推介基础上，不妨加入下面这些内容。

（1）汽车音乐分享。哪些音乐适合在开车时聆听？哪些音乐适合在高速路上欣赏？哪些音乐适合在雨后洗涤心灵？

（2）景点推送。炎炎夏日，驾驶爱车我们可以选择怎样的自驾游？到了孩子寒假时期，哪些景点适合我们驱车前往来一场亲子游？

……

围绕着粉丝的身份和爱好，不断挖掘延伸内容，这样就能大大提升粉丝的关注度，完全契合他们的心理需求。同时，网红还可以吸引到相关粉丝进入，例如音乐爱好者也愿意加入这样的社群，和汽车之友们一起分享音乐，分享旅途中的快乐。

与此同时，对于内容推送，还应当定期发起投票，选出哪些内容最受欢迎，哪些内容会引起粉丝反感。微信公众平台就开通了这样的功能，所以网红不妨每周发起“本周话题投票”，用直观的数据确定哪些内容更精准，哪些内容不能满足粉丝的需求，这样就能做到有的放矢的调整，保证内容始终契合粉丝需求。

6.3.2 学会信息维护，找到粉丝的需求在哪里

想要不断创造出与粉丝需求相契合的内容，那么就必须了解粉丝的心理，尤其是知道粉丝的不满意在哪里。因此，对于社交平台的粉丝信息反馈，网红和身后的团队必须学会维护，这样才能根据粉丝的需求不断调整策略。

1. 及时反馈

无论微博还是微信，都可以实现“即时沟通”的目的。它们都有一个功能：新浪微博的模式主要是 @ 或私信：当用户在发布微博时，如果 @ 了某一账号，或者通过私信功能说了悄悄话，那么相关账号就会有信息弹出，并伴随着提示音；

微信也是一样，用户直接在输入口发送内容，我们就可以通过后台看到相应的内容。

粉丝之所以发送相关信息，就是因为他们有这样一种心理：既然我联系你，那么就是有事情需要沟通，我需要最快的答复！

对于新浪微博和微信的运营，要做的不仅是发布内容，更要通过这样的平台解决粉丝的问题，了解粉丝到底有怎样的诉求。试想，如果网红从来不回复用户的咨询信息，那么久而久之会怎样？用户必然会觉得这名网红不过是“虚假账号”，不是能够解决问题的、有血有肉的人。

所以，无论网红的账号由本人打理，还是由工作人员负责，必须做到每天至少三次登录，早中晚各一次，一旦发现有粉丝的具体咨询、投诉等信息，就必须立刻回复。即便当时暂时没有解决的方法，也要立刻表现出诚恳的态度，让粉丝有反馈感。

2. 定时搜索，发现隐藏在背后的用户心理

对于新浪微博而言，很多时候粉丝对于网红的议论，不一定会直接@网红账号，而是用单纯的发泄式语言进行抱怨。而网红的其他粉丝，就会看到这则信息，也许会转发，也许会评论，甚至形成热门话题。而对于网红来说，倘若不了解这些信息，很容易导致一些原本很容易处理的问题被不断发酵。

该如何解决这个问题呢？方法很简单：定时搜索。

微博提供了搜索功能，我们可以检索关键词，发现有哪些网友，发布了哪些言论。搜索功能的使用方法很简单：在页面的最上方，有一个搜索的按钮，只需在搜索框输入关键词，然后单击搜索按钮，即可查看到相应的信息，如图6-3所示。

图 6-3 微博搜索栏

搜索的目的，在于挖掘更深层次的问题，然后及时进行回复，将有可能形成的大问题，及时提前化解。那么，定时搜索的频率应该控制在多少呢？如果有条件，尽可能保证每小时搜索一次；如果没有相关助手配合，至少也要保证每天三次。

进行相关搜素的目的，不仅仅只是为了解决问题，更是为了统计问题：针对网红本人，有多少网友提出了批评？批评的原因是什么？这些内容都需要进行分类统计，每天做出相应表格。久而久之，这就形成了一个数据库，从而为网红的内容设定、定位调整带来数据参考。事实上，这正是一种大数据的应用。

6.3.3 给予粉丝创作的权力，击中粉丝痛点

粉丝社群就像一棵大树，每个社群粉丝都是一粒种子，他们携带着社群的文化，分布在世界的各个角落。那么，怎样才能让粉丝在社群中真正感受到被尊重，内容与自己的契合点完全相符呢？

除了网红本人的推送，最重要的是粉丝能够自己表达意见，让更多人看到。简而言之，将内容生产的权力给予粉丝，那么发布的内容就有很大的概率会击中粉丝的痛点。

1．给予粉丝创造内容的机会

网红的微信平台、论坛置顶机会，应当向粉丝敞开大门，让他们有机会创造内容。例如，不妨在每天一次推送的微信公众平台的第二栏、第三栏开设“粉

丝专栏”,让他们按照自己的想法去撰写、编辑。当粉丝的内容创造能力越来越强，就会由过去的单点传播模式，形成网状传播模式——他们会将内容分享给自己熟知的朋友，而不再只是简单的阅读。粉丝创造的内容越来越多，网红的各个平台的品质就愈发提升。因为，粉丝最能代表粉丝群体的心态，哪怕内容有欠缺，但所体现出的态度，却能代表广大粉丝的心声。一旦这种模式成为习惯，“全社区创作”的热潮就会形成，直接提升网红与粉丝之间的情感。

2. 网红分享成员的内容

普通粉丝并非“网络红人”，所创造的内容即便非常优质，但有时候依旧受众群过窄。此时，网红应当积极行动起来，分享社群成员的内容，从而使其获得更高的曝光度。图 6-4 为罗永浩分享的社群成员的内容。

图 6-4　罗永浩分享社群成员的精品文章

6.4 做好全渠道内容运营

当网红发展到一定级别之后，此时单纯地与粉丝“打情骂俏”，显然已经不能满足粉丝的追求。此时，网红必须做好更深度的内容运营，极力提升“干货”的价值。尤其是当发展出社群模式之后，如果不能给社群粉丝带来源源不断的干货，那么网红必然将逐渐丧失最初的新鲜感，被粉丝渐渐抛弃。

所以，无论出版、培训、视频、内容制作等，一定要做到足够优秀、足够精准，这样才能给粉丝带来更深层次的思考。

6.4.1 视频输出

视频输出是为了让粉丝看到更真实的自我，所以正如张大奕等淘宝网红，会进行“淘宝直播秀”。粉丝对网红本人有更强烈的兴趣，因此渴望能够近距离接触，如直接语音对话、弹幕快捷交流等。

移动互联网时代，视频输出的最佳渠道就是通过各种直播平台。快捷、弹幕、真实感……这是视频直播平台的特质，比传统的录制、上传要更高效，更能提升互动性。而在此基础上，网红还应当做好主题的规划。

在发起视频直播前一周，网红应当在微博等平台做出先期预告；正式开始前三天前，公布本次直播的流程和时间分配，进行内容预告，第一阶段会与粉丝分享什么、第二阶段会有怎样的互动环节、第三阶段会有哪些嘉宾登场。同时，给粉丝们留个悬念，如直播中会有怎样的彩蛋等，以刺激粉丝关注。到了视频直播将开始时，网红可以在社群的各个平台不断发布“倒计时”以此提升粉丝的参与度，如图 6-5 所示。

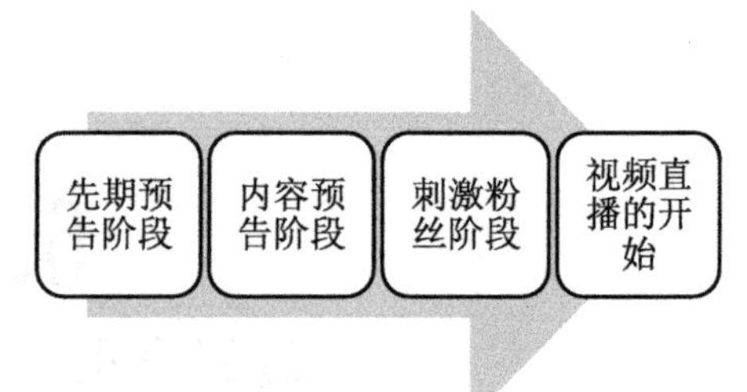

图 6-5　视频输出的流程图

之所以要创造这样一个流程，就在于既让粉丝们了解到视频会给大家带来什么，有哪些实打实的干货；同时，不断的社交平台推介，也会吊起粉丝们的胃口，因此参与度更高。倘若可以定期开展这样的“视频秀”，那么所带给粉丝的不仅是娱乐，更有他们最想看到的“干货”。

6.4.2　书籍出版

图书出版，这是很多自媒体网红的运营手段之一，例如张嘉佳、咪蒙等。但事实上，其他领域的网红同样可以进行书籍出版，以此做到全渠道运营。

例如，时尚类网红可以将微博中的各种时尚心得、时尚搭配进行汇总，出版《××××带你玩转时尚》；再如视频类网红，可以出版《那些年，我做视频主播的日子》，分享自己做视频主播的心得，以及各种与粉丝的奇遇。

网红的书籍出版，并不在于“文学气质”，而在于将自己的网红经历与大家进行全面细致的分享。尽管微博、微信等平台可以实现这方面的诉求，但它们终究是零碎的、没有系统的，而书籍的出版，则让自己的形象得到了完整统一，通过一本书的形式得到集中展示。所以网红出版图书，能够形成非常好的粉丝效应。

当然，为了提升书籍的互动性，在正式出版前，网红和团队也可以发起《在我眼中的 ××××》活动，鼓励粉丝进行创作，并有机会收录在图书中。如此一来，书籍不仅是网红一个人的作品，更成为了所有粉丝们的集体智慧凝聚！

6.4.3 粉丝活动

由粉丝组成的社群，经常会发起各种活动，尤其是线下活动。为了与粉丝产生更好的互动，这些粉丝活动，网红本人也应当适时参加，让粉丝们感到网红真的就在自己身边，以此更加拉近彼此的距离。

例如，对于视频主播类网红来说，当月有粉丝集体生日会，网红不妨亲自参与，为粉丝们送上最真挚的祝福。网红可以走到粉丝的身边，这就是最好的“内容”，会让粉丝大为感动。

而对于自媒体网红来说，不妨开设专属线下讲座，只能社群粉丝参与。在这样的讲座上，网红可以发起较为有深度的话题讨论，让粉丝和自己可以进行面对面的直接交流。

粉丝活动的类型有很多，只要找准自己的定位，结合相应话题，即可带来“轰动效应”，所以每年网红都应当拿出 1~2 次机会，与粉丝们进行近距离交流，输出更为直观的内容，从而点燃粉丝的热情。

6.4.4 培训：让粉丝感到物超所值

给粉丝带来技能上的提升，这样的网红很显然更具影响力。因为这种网红在粉丝的眼里，已经超越了单纯的“娱乐属性”，变得更像是一名良师益友，这种情感是单纯的“欣赏”所不能比拟的。

所以，如果能给粉丝们带来培训课程，那么这名网红乃至背后的品牌就将产生非常大的变现能力。毫无疑问，在技能培训类社群之中，职场网红“秋叶”是变现能力最强的社群品牌。其所创建的“秋叶PPT”品牌，也因为个人的魅力，成为了首屈一指的职场培训课程。

> 2013年，秋叶老师在网易云课堂发布标价为99元的“和秋叶一起学PPT”课程。从2013年“双十一”开始到2013年12月19日，短短39天时间，其轻松实现总销售额过10万元。这其中的购买者，绝大多数都是秋叶PPT社群成员。

正是通过这种源源不断的培训机制，秋叶毫无疑问占据了“职场技能网红”的头把交椅。所以，秋叶及其团队，就是培训体系中的网红的最佳参考。

1．产品足够优秀

首先，秋叶老师所制作的PPT课程足够优质，即便是刚入门的新手，也可以通过视频教程的讲解，快速从“菜鸟”晋升为“达人”。优质的产品，保证了用户的口碑。

2．活动丰富

秋叶PPT社群的一个显著特点，就是活动极为丰富，几乎每周都有数个活动同步开始。例如2014年的#我要进美的#一页纸PPT大赛，不仅让社群成员思考：怎样的PPT内容，会吸引美的公司的关注？这种设定极具真实感，因此粉丝们的参与欲望非常高。

与此同时，针对粉丝们的作品，秋叶还会进行评点、精品转发，邀请专业老师作为评委为成员的作品打分。这种专业化的活动运作，让所有粉丝们一致叫好，甚至得到了美的集团的独家赞助。

3．产品类型不断拓展

一直以来，秋叶的名气都非常高，之所以能够做到这一点，就在于秋叶可以不断将产品进行拓展、丰富，然后继续进行深度培训。“和秋叶一起学PPT”属于入门基础类产品，同时还有精品课程“和秋叶一起学 PPT”的晋级版等。围绕着职场办公软件操作的这一核心，秋叶在不断扩大社群粉丝边界，老成员愿意继续购买学习，新成员也会不断涌入，从而保障了课程的购买基数。

所以，每当秋叶在微博中宣布“新的培训课程即将上线”之时，几乎都可以在三个月左右达到 1000 人购买的规模效应。高效的转化效率，让秋叶不仅成为了职场技能培训网红的第一人，更成为了变现能力最强的时代网红。

秋叶的网红运营启发：做好精品课程产品，让所有粉丝感到物超所值；同时，借助社群的力量不断发起活动，让粉丝们可以将知识直接转化为能力。而随着各种周边课程的上线，粉丝们的黏合度更为提升，愿意通过付费模式，让自己成为真正的“职场达人”。精品核心课程 + 高真实度社群活动 + 周边课程发布，是所有技能培训类网红团队都应当尝试的运营模式。

6.4.5 粉丝深度参与的内容制作

对于自媒体网红来说，邀请粉丝参与内容的制作与推送，将会大大刺激粉丝们的活跃度。例如微信公众平台，内容发布可以多条发送，那么，网红就可以发起“人人都是小网红”的活动，邀请粉丝进行投稿，然后择选最优质的内容进行推送。如图 6-6 所示，这个名为“孤岛文化传媒”的微信公众平台，就发起了这样的活动。

这个微信自媒体，每期会有自己的推送内容，而在这个基础上，它们设立了“每日投稿活动平台”，鼓励所有人都可以进行文字创作，每日选择一篇来稿进行展示，并且还有图片配合、小编点评等，让所有关注人都可以进行社交分享，而不是死板地进行机械接收信息，从而将微信的社交功能真正发挥到最大化。这样，粉丝群体不仅成为了公号的关注者，更成为了内容的生产者！

吴晓波的自媒体平台，同样会定期邀请粉丝进行创作，然后由他本人亲自择选、点评，因此吴秀波的自媒体账号人气非常高，受到了粉丝们的一致欢迎。

当然，邀请粉丝创作，不限于自媒体网红。其实所有类型的网红，都可以邀请粉丝加入内容生产，然后创造出源源不断的 UGC 内容。

例如，你是一名美食网红，除了日常的菜品推送，还可以发起“谁是烹饪大师”的活动，邀请粉丝分享自己的一道最拿手菜，如果获得最多的赞，那么可以享受某餐厅的免费服务。

再如，如果你是一名淘品牌网红，那么可以邀请粉丝们晒出自己穿着店铺服装的美照，如果得到了其他粉丝的一致好评，那么就能赢取淘宝店的大幅度折扣券。

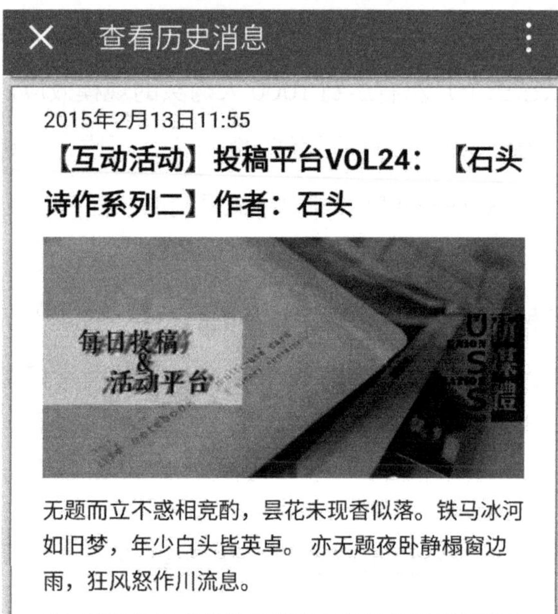

图 6-6　粉丝参与的自媒体活动

……

借助充满噱头的活动，让粉丝积极加入内容生产的环节，这样网红与粉丝就将融为一体，粉丝不再只是单纯的接收方。“任何人都有红十五分钟的机会”，让粉丝也能体会到成为“红人”的乐趣，这样的网红才更具人气，更能聚合强大的粉丝团！

6.5 推送内容，别忘了粉丝的使用习惯

移动互联网和智能手机的出现，让网红对于内容的推送操作更为便捷，形式也更为丰富。长微博、图文信息、视频……可谓五花八门应有尽有。而那些能够在社交网络中最大限度吸引用户的网红，更是将这些手段使用得炉火纯青。

可是，在我们为内容丰富、丰富再丰富的同时，是否思考了以下这几个问题？

6.5.1 内容幅度有多长？

智能手机阅读时代，有一个显著的特点就是：阅读呈现碎片化。也就是说，所有的内容都是非常简短、精悍的，否则新浪微博不会出台每条信息不超过 140 字的限制。这一点，既是由手机屏幕决定的——我们不能要求用户阅读一篇文章拇指要翻动几十次，这会给用户带来极大的疲劳感；也是由生活习惯决定的——使用智能手机通常都在闲暇之时，例如坐车、休闲、睡前等，很少有人专门抱着手机，放下手头的要紧事去阅读。

所以，一些网红在发布内容之时，动辄就是几十篇甚至上百篇，这就很难让粉丝获得极佳的体验，反而产生了强烈的疲劳感。通常而言，内容幅度尽可

能控制在拇指滑动五次之内，这样用户既可以被精彩的内容所吸引，又不会因为视觉疲劳而放弃。

当然，不是不可以制定超长的内容，但是这种类型的内容通常数量极少，除非是深度挖掘等，否则不适宜轻易采用，控制每个月不超过四篇。同时，我们还应当提供 PC 端阅读链接，便于用户在更适合长时间阅读的 PC 前，可以静下心来阅读。

6.5.2 图片虽好，但也要注意粉丝习惯

图文模式，可以说是最受欢迎的模式之一。看一看新浪微博上 ID 名为“天才小熊猫”的账号，几乎每篇微博都是以长微博“图片＋文字”的模式，而他的回复率、转发率也高得惊人，就可以知道图文模式会在用户群中取得怎样的效果。因此，“天下小熊猫”也被誉为营销领域的第一红人，如图 6-7 所示。

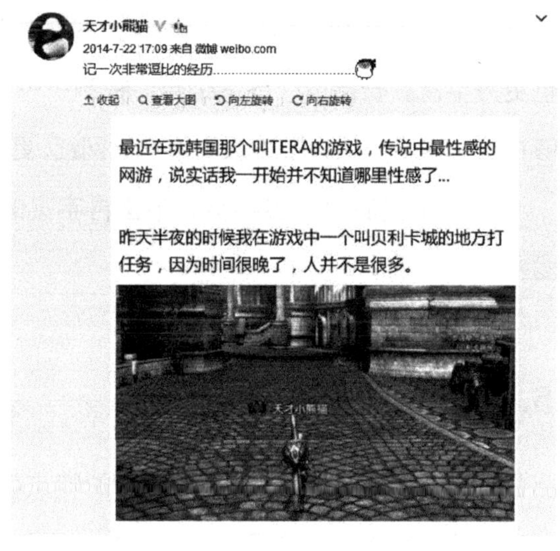

图 6-7　天才小熊猫的长微博发布

图文模式尽管形式丰富、内容具有亲和力，可是不要忘记这件事——

绝大多数的智能手机用户，都需要实用流量进行浏览。想想看，是否每到月底之时，身边的朋友都会抱怨流量不够用？为了避免产生高额的流量费，不少用户不得不忍痛割爱，将上网模式关闭。

而图片，正是产生大流量的主要源头。诸如 UC 浏览器等，都有“无图模

式浏览”的选项。所以，在我们进行图文模式内容编辑之时，首先要对图片数量进行限定，一般以不超过 9 张为宜，一方面是为了给用户节省流量，也避免出现太过冗长的篇幅；同时，图片也要进行后期体积压缩。尤其对于单反相机的照片而言，动辄 5M 的大小，是很容易产生高额流量的。通过 Photoshop、光影魔术手等软件将图片尺寸压缩至 500K 之内，这样就可以满足用户以较小的流量阅读精彩图文的诉求。

6.5.3 注意信息推送的时间点

相信每一位手机用户，都有过这样的体验：午夜睡至正酣之时，或是早上正在开会之时，突然有信息提示音响起，吵闹的提示音给自己的生活、工作带来了困扰。

对于智能手机而言，这样的情形同样存在。尤其是微信公众平台，当进行消息推送时，接收到信息的用户的手机就会有提示。提醒用户进行阅读是好事，可是如果这种提示变成了骚扰，令用户厌烦就显得有些得不偿失了。

所以，对于会产生提示音的服务，如微信公众平台、APP 等，推送时间就要有所注意，避免在上午 9 点至 11 点和下午 4 点至 5 点之间发送，这个时间通常都是工作最忙碌，并且会议最为集中的时间段；同时也避免晚上 10 点之后推送，这个时间段有不少粉丝已选择了上床休息。

Part7

网红商业化产业链的五大方向

网红经济的迅速崛起，给互联网文化带来强烈冲击的同时，更形成了全新的产业链。那么，怎样的发展与规划，才能更加符合网红时代的商业要求？对于社交平台，如何形成完整且统一的商业模式？同时，更为系统的商业化运作该如何展开？此外，如何结合供应链生产商，打通上下游的关系，用网红的影响力掀起新一轮的商业变现？这一切，都需要网红及其团队找到“命门”所在，这样才能牢牢掌握网红商业化的精准方向，从而实现更大的商业价值。

7.1
社交平台的引流与广告分发

网红商业化，最为便捷的渠道就是通过社交平台的影响力，对品牌、自身店铺进行引流与广告分发。

7.1.1 精准引流，让商业品牌直达粉丝

商业品牌之所以邀请网红进行引流和广告分发，就在于看到了网红的影响力。所以，为了实现品牌的推广目的，在进行引流和分发之时，最重要的原则就是：精准直达粉丝。

如图 7-1 所示，这是微博知名网红“耳帝”的一则推介信息，这则信息满足了如下两个原则。

耳帝
7月28日 15:30 来自 微博 weibo.com
好的声音不分网络跟线下，《新歌声》推出网络战队#第五战队#，新的模式让#新歌声黑马来袭#，期待有更多精彩的表现！@LIVE直播官方

@LIVE直播官方
#中国新歌声##LIVE直播#第五战队战略发布会将于下午2点正式举行。#新歌声黑马来袭#关于第五战队，宝宝们想问哪些问题，现下载LIVE直播→ 网页链接 关注【LIVE娱乐】直播间，第五战队最新消息一手获得！@中国新歌声

7月28日 10:31 来自 iPhone 6s　　1070　45　23

图 7-1　网红“耳帝”的微博商业引流

（1）足够清晰。说明了需要推介的内容是什么，这个内容具有怎样的特点。

（2）@ 品牌官方，为品牌官方带来直接流量；同时，转发的信息带有相关链接，粉丝可以直接点击到达品牌方的指定宣传网页。

引流与分发，只要满足这两个要素，那么就能够让品牌价值精准放大。

7.1.2　引流与分发的注意事项：与网红特质相符

引流与分发的目的，就是将商业信息直接推送给粉丝群体。因此，所推介的商业信息，就必须非常契合粉丝的需求：你是一名时尚网红，所推介的商业内容，基本上都应侧重于时尚产品，如 3C 数码、时尚服装等；你是一名充满知识分子气质的网红，那么所推介的内容，应当以图书、深度电影为主。

曾经有一名网红就出现过这样的问题：

某网红的粉丝主要是青少年，平常分享的内容多为侦探短文、互联网笑话等。某天，他接到一个商业推广产品是成人用品，结果未经审核就发布在了自己的微博平台，立刻引起了轩然大波。不少青少年的家长纷纷留言、发私信，指责该网红给青少年传递了不当的价值观，为此网红不得不删除推广信息，再三道歉。

保障自己社交平台的商业引流与分发符合粉丝群体的需求，这是网红及其团队必须做好的审核。

不过，这种模式尽管最为简单，但它的缺点也显而易见：过于商业，很容易引起粉丝的反感，尤其当商业推介内容过多之时。所以，这种模式通常适用于初级网红，一旦粉丝达到一定数量之时，就应当及时调整策略，晋升至更高的商业模式层次。

7.2 网红经纪公司的商业化运作

网红经济的迅速崛起，让网红成为了全新的社会现象，而围绕着网红也开始不断出现全新的行业模式，如网红经纪公司的涌现和其他商业化的运作模式。尤其是网红经纪人、网红培训班的出现，让更多人可以进行系统化的网红培训，并通过经纪人进行专业的包装，从而进行代言等变现活动。例如，笔者本人就开设了自己的网红学院，如图 7-2 所示。

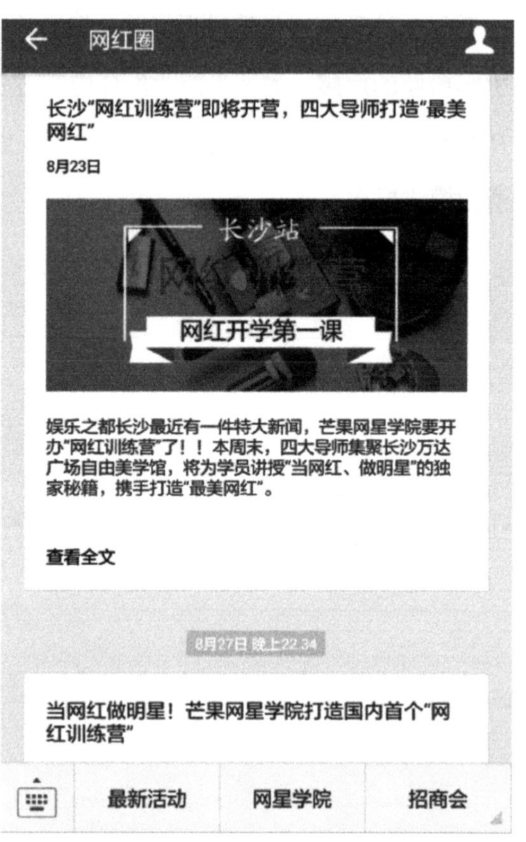

图 7-2　网红圈开设网红训练营

可以说，经历了各自为战、独立摸索、艰难起步的过程，网红将会迎来更为灿烂的春天。商业机构、多种渠道的并存，让网红的运作更为专业和精准。

7.2.1 多网红联盟，多渠道盈利

网红联盟的出现，让网红开始呈现如明星一般的“经纪人”模式，通过网红联盟的介入，网红将会更能找到自身的特质在哪里，适合于哪些平台，能够采用怎样的变现模式。例如，“网红圈”就是这方面的典型。

像网红圈这样的网红平台，其主要业务就是整合网红经纪、内容 IP、传播平台等网红产业链资源，为商家提供网红内容营销平台。一般来说，网红平台整合网红产业链资源，从事培训、咨询、投资等业务；同时建立网红大数据，挖掘更具潜力的网红，打造网红产业链。

网红平台的出现意味着什么?

意味着当你在某平台具备了一定的人气之后，会被相关“猎头”发现、锁定乃至签约，从此进入“网红团队”的运作阶段；

意味着当有品牌寻找与网红的合作契机之时，凭借着平台的强大策划能力，网红与品牌形成强强联合，迅速实现品牌的最大化曝光和网红变现能力的提升；

意味着如果网红产生出了变现价值，网红平台将会通过自身的经验迅速找到各种渠道，以此最大化地提升渠道盈利模式；

……

“让专业的人做专业的事”，网红平台的意义就在于此。网红平台的特质就是关注互联网文化与网红经济之间的关系，所以相比较其他机构来说更为职业。专业化机构的出现，标志着网红文化正式以一种“行业”的姿态出现，不再是单纯的自娱自乐。因此，在网红获得资本青睐的同时，网红平台也成为关注的焦点，就像万紫千红网红联盟，2016 年 5 月获得信泽控股和宽毅资本 1500 万天使投资，成为我国第一个获得融资的网红联盟平台。

7.2.2 网红社交账号的专业化运作

团队化的网红运营，势必将越来越成为一种趋势。例如张大奕、徐妍等早已开始了这样的尝试：组建出一支囊括话题分析、市场预测、美编设计等功能的团队，全方位包装网红本人。这种模式，比网红一个人去摸索要高效得多、快捷得多，可凭借集体的力量找到粉丝的痛点。所以，张大奕的“淘宝直播秀”，所创造的影响力甚至比当红明星柳岩还要大！2016年张大奕的“淘宝直播秀”，吸引了高达41万多的观看人数，一举超过柳岩此前保持的14万多的纪录。

团队化的逐渐走俏，让网红运作进入专业化阶段。而网红的社交账号，必然也将进入这个阶段。例如，在每条信息发布之前，网红必须将自己编辑好的内容经由团队审核，确认后才能发出。这样就能保证网红本人的账号内容足够精准和优秀，尤其杜绝了网红本人因为“个人情绪”而产生的负面话题，保障了网红形象的健康和积极向上。

甚至在未来，也许我们所喜爱的网红，仅仅只是一个符号代表，它所创造的内容、引起的话题，是团队所有人的智慧结晶。网红团队将会定期更新吸引粉丝注意的内容以及保持与粉丝的互动维持黏性，使网红能够吸引粉丝点击相关店铺链接或者关注起网红推广的产品。

7.2.3 电商店铺：网红必然涉及的变现渠道

对于电商网红，我们会第一时间想到张大奕。但事实上，已经有越来越多的网红，开始涉足电商领域，以此拓展自己的变现渠道，更打开品牌传播、营销的新思路。

网红自己开网店，仅仅只是网红接入电商平台的1.0时代。在2.0时代，网红将会直接与平台对接，形成更为丰富的变现模式和传播模式。这一点，从资本界的运作中就可见一斑。

> 2016 年，光线传媒以 1.3 亿元受让金华傲翔持有的浙江齐聚 36.38% 股权。转让完成后，光线将持有浙江齐聚 63.21% 股权成为其控股股东。而浙江齐聚是国内互联网首个视频直播聚合商，旗下有“呱呱”视频社区等产品，可见娱乐大鳄已经关注到网红对于电商的意义层面。
>
> 而更早的阿里巴巴所上线的“淘宝直播”，涵盖母婴、美妆、潮搭等领域，消费者可以通过淘宝直播频道、微淘频道直接收看内容，网红文化的价值凸显；同时，华斯股份持股 30% 的微卖与新浪微博签订战略合作协议，在红人的供应链打造与经纪业务领域进行布局。

这就是为什么网红文化不仅成为互联网的重要话题，更成为企业界的重要话题。越来越多的品牌意识到：由网红牵头所引领的电商平台，将会给品牌注入“人”的气质，而不再只是一个单纯的商业频道。所以，网红的电商模式已经开始从早期单一的淘宝店发展到如今跨境电商齐放，推动了电商发展的同时，使得品牌的供应链关系更加精准，帮助网红进行变现的同时，也实现品牌的最大价值转化。

7.3 供应链生产商合作营销

也许，我们都见过网红的专属产品，甚至我们还购买过由吴晓波推出的“吴酒”。表面上看，这是网红自身影响力的折射；但事实上，这是网红与生产商的一种合作营销模式。打通供应链上下游关系，形成网红品牌，这已经越来越成为网红经济发展的主流模式。

7.3.1 合作营销：网红粉丝的专属产品

越来越多的品牌发现网红身上的商业价值，所以，合作营销将会成为网红与企业的共同发力点，如图 7-3 所示。

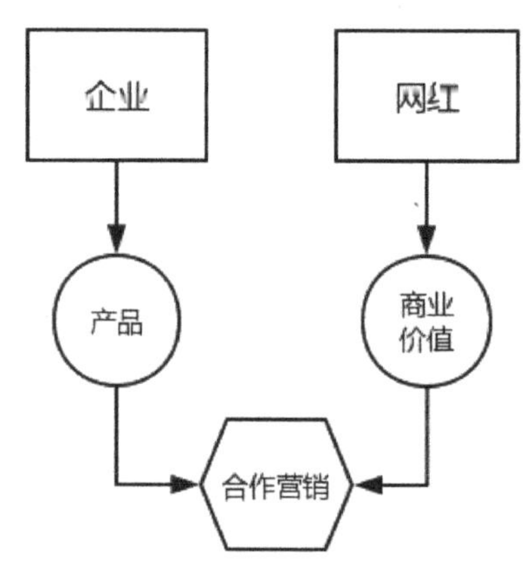

图 7-3 合作营销将成网红发展趋势

芙蓉姐姐堪称我国第一代最有名气的网红。2013 年，她就联合青橙手机推出了自己的专属特别款。尽管销量不佳，但却开创了网红与品牌合作的全新模式——打造网红专属产品，进行合作营销。如此一来，无论网红还是品牌都将获益：

网红通过专属产品的推出，实现了自身变现；而品牌通过与网红的结合，实现了品牌的推广和产品的营销。

所以，这样的合作无疑打通了生产商与供应商、网红、网友之间的多渠道关系。这种合作不是代言，而是根据网红的自身特质量身打造产品，因此对粉丝具有很强的吸引力，受众群非常精准。未来无论手机还是其他产品，我们都将会看到这种联姻将会越来越频繁。

7.3.2 创建“网红品牌”，打通供应链环节

未来，随着网红经济的不断扩散，有影响力的网红，势必将会与其他产业的供应商、品牌商进行专属合作，打造出网红独有的“合作品牌”。就像吴晓波，就已经开始了这方面的探索。

2015 年，一款名为“吴酒”的杨梅酒，正式上市。这款酒在吴晓波的书友中迅速取得了非常好的销售业绩。

大 IP 将会成为未来网红商业模式探索的重点方向，如“吴酒”。吴晓波并不是酒业从业人员，那么他为什么会推出他的专属品牌酒呢？毫无疑问，资本机构看到了吴晓波的大 IP 价值，因此与酒厂进行直接合作，彻底打通供应链，推出了网红专属的品牌酒。再加上吴晓波的线下讲座、付费活动、社群专属产品等，通过“网红品牌”又直接辐射给社群粉丝，因此很容易形成巨大的商业价值，如图 7-4 所示。

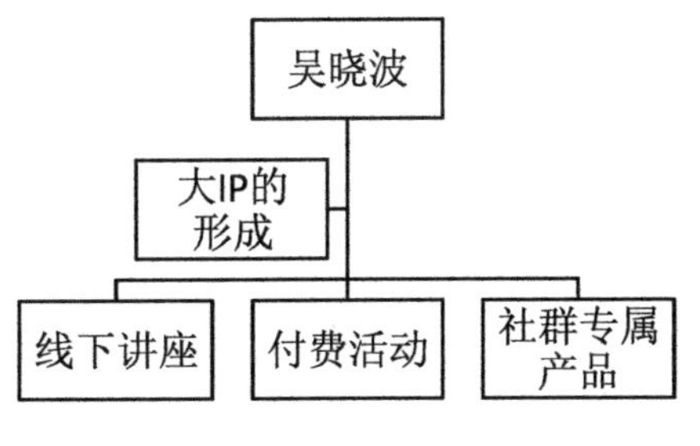

图 7-4 吴晓波社群产品的组成

“大 IP”的概念，从 2015 年开始

越来越被提及。所谓大 IP，即为知识产权。围绕大 IP，可以开发出一系列周边产品，如一部点击量巨大的网络小说，即可形成动漫、影视、游戏等，变现渠道非常广泛。

很显然，网红也具备这样的属性。正因为如此，吴晓波曾经在接受记者采访时，才会这样回答："我会卖人格化的、跟我有关的产品，其实这部分的商业还是围绕着一个人和一个知识点展开。"

努力打造出自身的IP价值，这是网红未来的商业化发展趋势；借助IP价值，打通供应链生产商合作营销，将会成为主流的变现模式。社群粉丝凭借着对网红的喜爱与追捧，主动选择付费和购买，从而构成三方互利的局面。

7.4 小众化、个性化产品开发

papi 酱的横空出世，让网红风靡互联网，网红经济成为全民关注的焦点，网红的类型也越来越丰富，越来越细化。可以预见，未来在科技领域、技能领域、创业领域还会出现更多的新人，他们将会展现出更特别的个人魅力，吸引到更为忠心的粉丝。尤其是在数码、创意、文化等领域，更为独立的网红，将会依托品牌、社群的存在，推出一系列小众化、个性化的产品。

7.4.1 主打个性牌，“众筹”成王道

移动互联网的特质是什么？便捷。正是因为便捷，我们可以与志同道合的人更加方便地沟通：微博、微信、陌陌、手机 QQ……无论电影迷，还是科技迷，都可以通过这些软件建立群，形成小圈子，讨论共同的兴趣爱好。

正是因为虚拟圈子文化的形成，所有人无论身处何方都可以进行沟通，包括了网红与粉丝。这种便捷，就促进了一个全新的产业诞生——个性化定制产业。诸如众筹网等的成功，事实上正是借助了这一点：有共同的爱好，需要别样的定制。

所以，倘若你可以成为某个领域的网红，并且有能力组建出一支团队，那么个性牌无疑是最好的选择。例如，你是一名独立音乐人，有不多却忠心的粉丝，

那么，你就可以利用社交软件发布消息，利用众筹软件进行定制，从而实自己的创富梦，图 7-5 为众筹发布的小众耳机，参与人数非常多。

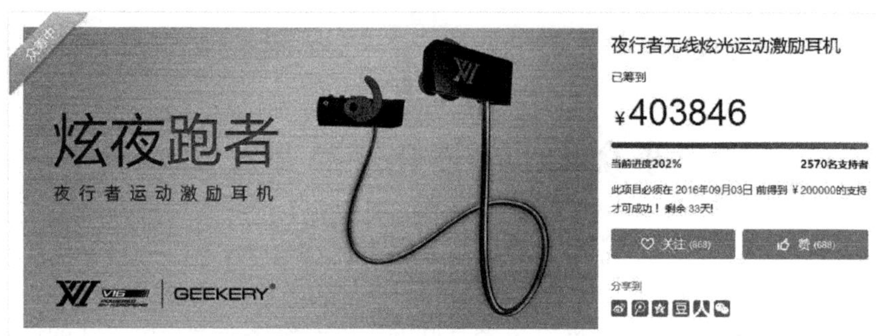

图 7-5　众筹发布的小众耳机

因此，当你和团队正在进行一项全新的创造，又或你有非常特别的产品需要推进市场，那么网红所带来的“粉丝效应”就可以满足你的所有梦想。可以预见，更加小而美的“网红创业团队”即将出现。

7.4.2　自主品牌的诞生

差异化发展，是网红打造自身特色的关键。同样，当网红开始进军商业领域之时，个性化依旧不能放弃。个性化的产品，只是商业探索的基础；个性化品牌的建立，才是真正造就网红品牌价值的核心。

例如，张大奕通过多年的打拼，在经历了推荐、改款之后，正式推出了个人品牌——JupeVendue，这个品牌带有非常浓郁的张大奕个性，无论从设计到制作，张大奕均参与其中，将她本人的特色表现得淋漓尽致。如今，张大奕的淘宝店已经全部由自主品牌覆盖，并且销售量十分火爆，每次上新时大部分衣服会迅速被一抢而空。

所以，张大奕没有多少品牌代言的活动，也没有如 papi 酱那样的情感幽默小视频，但是却跃居网红排行榜前十名，可以说个性化的品牌是她成为顶级网红的致命武器。

而另一位网红梁欢，则是经过几年的积累，推出了自己的脱口秀节目——梁欢恶毒秀（见图 7-6）。秉承着微博中嬉笑怒骂和专业的态度，这档节目将梁欢的机智和才华表现得淋漓尽致，并且多位大明星亲自登场，它成为了梁欢的“个性品牌”。凭借着这个品牌，商业代言、商业植入、商业冠名等，势必会成为梁欢重要的变现渠道。

图 7-6　梁欢恶毒秀专题页面

所以，对于网红及其团队来说，在运营的过程中，不断细化最擅长的领域，让自己成为专家、达人，久而久之品牌价值就会形成；此时，正式推出自己的专属品牌，就将立刻成为粉丝们未来的首选，这才是真正顶级网红所创造的价值！

7.5
企业品牌合作代言与引流

7.5.1 网红的品牌代言

尽管网红不是传统意义上的明星，但不可否认，随着网红文化的不断升温，如今的网红，已经与传统明星并无差别。因此，对于知名度达到一定层次的网红来说，品牌代言就成了商业价值的最大体现。

2016 年 6 月 30 日，著名的网红主播 mc 天佑与某品牌签约，正式成为该品牌代言人。高达 2500 万元的代言费，也使得他一举超过了之前 papi 酱的 2200 万元视频贴片广告费，成为了当下网红界广告收入第一人。

网红不同于明星，他们对品牌的代言，将会让品牌的曝光度更加提升：微博的发布、微信公众平台的广告位、视频直播中的产品出现，乃至线下粉丝会的现场道具。可以说，当网红进行品牌代言时，品牌将会出现在网红生活中的每一处。而传统明星的代言，通常限定了某个平台，如电视广告和店内宣传等，两者相比，网红的品牌价值显然更高。

虽然就目前来说，能够直接进行品牌代言的网红数量极少，但随着网红经济的进一步发展，这样的代言事件将会愈发增多。因此有人说："网红与品牌的联姻，即将迎来炽热的夏天！”

7.5.2 产品活动折扣引流

借助影响力与品牌进行合作，将折扣信息第一时间推送至粉丝，这是最常见的网红商业变现模式。尤其对于地域性很强的网红来说，比如粉丝主要集中于某个城市，这种商业合作就非常有效；再如在细分领域有着极高的知名度，那么也能形成细分行业内的引流效果。图7-7为网红刘娅希的微博引流，效果非常不错。

图 7-7 网红刘娅希的微博引流

产品折扣、优惠信息分享的变现重点，在于可以为品牌带来大量用户，让粉丝形成直接购买力，这样打折商家才愿意合作。因此，想要做好购物打折、优惠分享，必须注意以下这两个细节。

1. 足够让人惊喜

社群推送的打折、优惠信息一定要让人感到眼前一亮，价格是过去完全无法想象的。如果打折力度仅为 9.8 折、9.5 折，绝大多数粉丝并不会感到惊喜，因此在产品推出之前，社群运营方应当与品牌方达成协议，为粉丝提供专属的超低折扣，从而引爆粉丝经济。

2．设定相应规则

打折、优惠信息只有被更多人看到，才有变现的可能性。所以，网红和团队不妨设定简单的规则：转发至朋友圈、微博可以享受优惠；连续转发多少天，可以进一步享受优惠。唯有如此，相关产品才能通过粉丝的不断扩散，最终成为互联网热点。

Part8

改变未来，网红经济将颠覆什么

网红经济从诞生伊始到现在，不过短短两年的时间。可以说，网红的时代才刚刚拉开帷幕，未来还有更多的网红将会涌现，还有更多的网红经济模式将会产生。新的经济模式，必将给传统模式带来巨大的冲击，如销售模式、营销思路、产品设计理念等。甚至，越来越多的企业家也会加入网红的阵营中，让自己也成为品牌，成为粉丝购买的源动力。网红经济将会冲击的，不仅是传统的商业模式，更是我们脑海中根深蒂固的思维……

8.1
强化粉丝经济，改变传统销售模式

移动互联网时代，“粉丝经济”成了最为最高效的宣传推广模式。借助粉丝的口碑力量，在相关论坛、社交网络，甚至线下的口口相传，让品牌的影响力不断发酵，越来越多的品牌都采取了这种方式进行营销推广。iPhone、小米手机、魅族等，这些21世纪诞生的新兴品牌，无一例外不依靠着粉丝经济的力量，冲击了传统的销售模式，成为了价值、关注度最高的品牌。而这些品牌的粉丝——果粉、米粉、煤油，也都有了自己的专属名称。

与传统广告相比，粉丝群的能量显得更为巨大：完全凭借用户的使用好感，而不是“王婆卖瓜式”的自我营销，所有的赞美都是真实有效的；粉丝群具有很强烈的品牌意识，会不由自主地推广品牌，从而影响身边的人；对于品牌的改进，有着最直接的建议，这会给品牌的升级带来最直接参考。

8.1.1 销售的是粉丝，而不是产品

传统的销售理念中，销售的重点，始终是产品。然而在粉丝经济时代，这个观念已经被彻底被颠覆：品牌表面上销售的是产品，但实质上销售的是粉丝。尤其对于网红界来说，这个特征更为明显。

例如锤子手机的罗永浩，毋庸置疑他也是一名网红，在互联网拥有数以万计的粉丝。罗永浩之所以能从英语教师转变为网站经营者再进军手机行业，正是因为众多铁杆粉丝的存在，否则投资方不会对一个手机行业的“纯小白”产生投资兴趣。而罗永浩也深知粉丝经济的精髓，因此锤子手机的侧重点，始终都不是产品，而是围绕着罗永浩的粉丝们。

罗永浩的个人号召力毋庸置疑，但仅凭“情怀”两个字，很难实现直接变现，所以他必须围绕着自己的“网红属性”，不断拓展销售模式。这种销售模式，更具场景化，更具互联网文化，更贴近粉丝的内心：文艺且独立的音乐、追求视觉美学的摄影版块、人人能参加的海报设计大赛……一下子，音乐青年、摄影青年、设计青年被统统笼络。一部小小的手机，却直接击中追求情怀的用户痛点，因此锤子科技所创造出了源源不断的话题，并具备非常强烈的扩张性——任何一个用户，都可以找到自己喜欢的领域，哪怕仅仅只是一个“罗永浩语录”的簇拥者。

锤子手机销售的，正是这些粉丝们。罗永浩作为网红，在注重产品研发的同时，也不忘维系和粉丝的关系，分享音乐、分享美学，分享自己的独特价值观，这在传统商业公司中，是绝不可能想象的。

以创立时间、企业体量、供应商上下游关系链来说，锤子科技无疑是一个“小字辈”，但能够成为市场关注的焦点，正得益于罗永浩对于粉丝经济的精准把控。不断的情怀输出，新颖的粉丝互动模式，构成了全新的销售理念，从而创造出了与众不同的销售模式。

8.1.2 细分领域爆发，垂直网红创造商业价值

垂直领域，这是互联网经济中经常出现的一个词汇。所谓垂直，就是指注意力集中在某些特定的领域或某种特定的需求，提供有关这个领域或需求的全

部深度信息和相关服务。例如“汽车之家”就是一个典型的垂直网站与论坛，它主要服务于汽车之友，同时主论坛下又会根据品牌、型号进一步细分出不同的汽车子版块，如比亚迪 E5 论坛、别克凯越论坛等。

而到了网红经济时代，垂直领域的发展将会更加明显。例如同道大叔，他就聚焦于“星座 + 漫画”；谷大白话更进一步发展，锁定了“美国脱口秀节目”。可以看到，越来越多的网红将会集中于某一个细分领域大做文章，并且培养出规模庞大的粉丝群体。

而随着细分领域的不断探索，垂直网红的价值也开始逐渐凸显。垂直特征更加明显，不同的场景就此诞生，更加贴近用户的内心。尽可能满足用户的需求心理，让他们能够精准找到自己的社群组织，这样的社群在未来才是最受资本市场关注的。

2014 年，垂直社群进入快速发展的阶段，妈妈圈获得腾讯 5000 万元人民币注资，美啦美妆获得 IDG 领投的 2000 万美元入股，丁香园获得了腾讯 7000 万美元投资，面包旅行获得腾讯了 5000 万美元融资。

以上这些品牌，无一例外将目光集中于垂直领域，“大而全”的综合式平台，在碎片化的移动互联网时代逐渐凋零。未来，如律师社群、教师社群、音乐人社群、科学家社群、医生社群必然会进一步发展。

而在网红圈，已经有人开始进行这方面的试水。

颜宇鹏是车评圈的网红，曾经在新车评网担任总编辑，多年来持续产出高质量的原创内容，以其专业度，吸引了非常多的粉丝。2016 年，颜宇鹏开始凭借自己的人气，打造细分汽车电商平台“大家 CARS”。这个平台，主打汽车机油的销售，可以说是非常碎片化的细分领域。

而“大家 CARS”凭借颜宇鹏的网红魅力，公布众筹方案 3 天后，就有一千人报名参加微信群预热路演，又在 2 小时候之内收到 605 份正式认购申请，申请金额累计达 1200 万元，比原计划金额超募了 12 倍。

还没有正式运营，颜宇鹏就已经收获了大量的资金累积，传统的销售模式，恐怕没有一个能如此高效！这就是粉丝经济带来的全新变化。

所以在未来，细分领域网红将会更加走俏，更加受到市场和资本机构的青睐。精准地知道自己想做什么，自己的粉丝是谁，他们在哪里，然后推出细分化的产品或服务，这是未来网红经济发展的大势所趋。

8.1.3 众筹实现定制化 “粉丝经济”定制化营销

有什么样的网红，就有什么样的粉丝。

罗永浩的粉丝，热爱小众音乐，热爱独立文学，有情怀；

张大奕的粉丝，热爱时尚生活，关注潮流走向；

谷大白话的粉丝，热爱美式文化，喜欢英文交流；

……

每一个网红，都创造出了独一无二的粉丝群体。所以，当他们推出了自己的产品时，总会形成“热卖”的场面。因为，粉丝会在无形中将网红当作知己或榜样，认定网红推荐的、生产的产品，将非常符合自己的审美观、使用习惯和“逼格”！

所以，未来的粉丝经济，将会逐渐改变单纯的代言模式。用网红的力量发起众筹，针对粉丝群体进行小众化、定制化的营销。

2014 年，就有一场众筹活动引起了广泛关注。

2014年，腾讯联手泰康人寿，率先推出了众筹类理财产品——求关爱。这款众筹类产品的特点在于：用户只需关注“泰康在线”微信公众账号，支付1元加入微信互助计划，即可获得一份保额为1000元的癌症保障。将支付后生成的“求关爱”页面分享至微信朋友圈，让好友为其支付1元，直至达到10万元上限。在30天的保险期限内，用户在自己购买的1000元保障基础上，最多可以获得99位朋友的帮助，最终以100元的保费享受保额为10万元的一年期防癌保障。

依托于微信的大平台影响力，腾讯的这次众筹类产品非常成功，很多微信用户通过好友之间的互助，都成功参与了这次众筹活动。社群运营方、保险公司、用户形成三位一体的互动，社群运营方创建热门活动并获得收益、保险公司顺利推出新项目、新业务、社群用户得到保险保障，以小投资获得大回报，如图8-1所示。因此，不少社群都开始制定众筹金融类产品的活动策划。

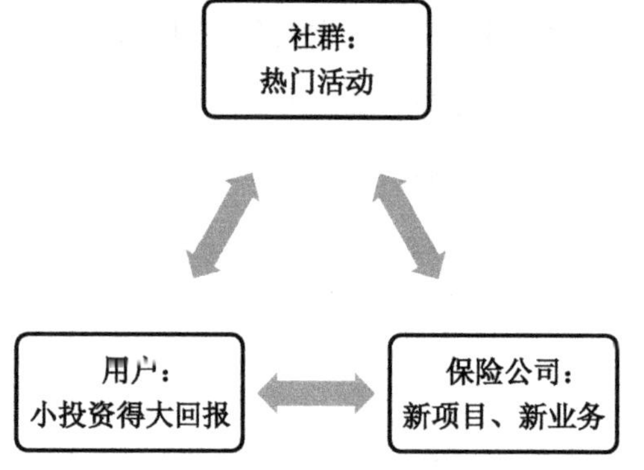

图8-1 众筹金融产品的高互动性

虽然从目前来看，网红的“粉丝众筹”还没有正式运营，但有了这些成功的先例，可以判断这种模式即将拉开大幕。因为这种模式将网红、粉丝、品牌方牢牢组合在了一起，推出的产品具有很强的针对性，所以未来的很多产品，必然会借助网红的力量发起大规模的“粉丝众筹”活动。

8.2
传统营销方式一去不复返

传统的营销模式，主要集中在线下展示、线上广告、电话推销等。这种模式，通常较为生硬，如电台广播广告、网站广告位展示，有时候不仅不会产生积极的效果，反而会给用户带来很大的困扰，尤其如电话直销等。

而网红经济所带来的营销模式，将会突出“情感”二字。“随风潜入夜，润物细无声”，让粉丝们在感动、快乐中得到相关的产品信息，并主动选择购买，这将是网红经济对于传统营销带来了的最大冲击。

8.2.1 用活动营销吸引粉丝关注

社交平台有着怎样的特点？活动丰富、类型众多。以新浪微博为例，有奖转发就是非常好的一种互动营销和福利模式。

如图 8-2 所示，聚美优品的陈欧，就曾发起过这样的活动，迅速引起粉丝们的关注，转发量达到了三十多万。利用游戏活动，既提升了粉丝们的参与度，同时旗下产品也得到了全面曝光，所以这种活动很容易形成大规模的粉丝效应。

#陈欧送你双11福利# 今天抽奖的奖品，是　　　的私密衣橱。转发并@三位好友 即有可能中奖。一等奖一名，奖玫瑰金6S一台，二等奖100名，女神美衣免费送。因为数量有限，现货抢完即预售。要窥私，看看衣橱里都有啥，请用力点 网页链接

10月19日 19:47 来自 卖肾换来的iPhone

图 8-2　聚美优品陈欧发起的转发抽奖活动

在做这样的活动时，应该注意以下两点。

（1）折扣活动应当有一定的时间限制，如限定最后截止日，这样才能给网友带来更强烈的紧张感。否则，全年都可以享受折扣价，那么就没有特别的意义。

（2）为了让折扣活动显得更加专业和充满噱头，不妨设定相应话题，例如 #XX 微店折扣第一期 婴儿车专卖场 #、#XX 微店折扣第二期 婴儿鞋专场 #，这样，有奖转发活动将会凸显话题性，让营销的效果更加明显。

8.2.2　培训会员制销售渐成主流

对于网红来说，绝大多数都有一技之长，例如职场技能、影视技巧、写作技巧等。在过去，有的人会选择开设培训班进行传授，沿街发送广告、杂志、网站轮播广告是营销的主流手段。但随着网红所掀起的社群热潮，未来的技能

培训销售，将会主要依托于社群完成。也许我们不会见到任何一个实体广告，却发现网红早已收获了成百上千的会员。

那么，如何进行这种全新的营销活动呢？它由两个方面组成：社群在经营之时，需要提供优质、独家的课程内容，以此吸引社群成员的关注；同时，各种主题活动的举办，有利于社群成员将理论知识应用于实际操作，进一步创造多角度的社群场景，激发社群活跃度。

基于这两点，知识培训类网红的营销手段就会非常清晰。

1. 会员收费模式

通过收费机制，会员可以享受相关课程的培训。让收费模式呈阶梯制，有利于不同社群成员的选择。

2. 主题活动

社群可以定期发起一些主题活动，例如竞赛、线下见面会等。这些活动同样可以通过门票、参赛费等划定门槛，保证活动的规范化。

除此之外，诸如社群图书、社群教材等，也是变现的渠道之一，这些内容可以与主题活动形成互补。未来，网红的个人影响力和社群经营的水准，决定了营销手段是否丰富。

8.2.3 借助情怀，诱发粉丝的消费欲望

“情怀”这个词，从 2015 年开始就被炒得越来越热。无论对于网红还是品牌，仿佛少了“情怀”这两个字，就不能展开有情感、有温度的营销活动。所以在未来，网红经济将会更加结合“情怀”创造销售模式，尤其针对粉丝群发布的内容充满浓浓的怀旧和人生感悟气氛时，这种营销就有可能更为成功。

例如，你是网红界的“吃货”，经常发布各种美食的图片，那么很容易与餐饮品牌达成合作。此时，在社交平台发布的内容，不妨根据季节变化，呈现当季风格，例如，发起话题#这么热的天，大家说吃什么好#，以此引发粉丝们的互动。在交流中，可以与粉丝分享自己拿手的夏季美食的做法，自己在夏季最常光顾的餐厅，十分自然地透露出合作餐饮品牌的信息，让粉丝觉得亲切、自然、言之有物，可信度高。

再比如，你的粉丝群体主要由学生组成，而随着时间的变化，最早的一批粉丝已经离开学校，那么此时，能否发起“现在与过去PK图”的活动？让粉丝对比曾经与现在，从而发出对青春的感慨，然后回答最令人感动者可以获得一定的物质奖励，从而达到品牌曝光、产品推介的目的。“校园情怀”几乎每个人都有，因此这种手段非常高效、实用，甚至很容易形成备受追捧的互联网热门话题。

8.3 产品设计模式被改变，突出参与感

网红经济所带来的改变，不仅仅只是宏观的经济模式，更是深入到商业的细节，例如产品设计。无论是代言品牌还是自主品牌，网红及其粉丝的重要性将会越来越凸显，网红时代的产品，将会呈现出“网红＋粉丝”的设计特质。

图 8-3　豆瓣红人“唐僧”亲自设计的手机壳

8.3.1　网红融入设计，凸显网红气质

主打网红亲自设计理念，这早已被张大奕等淘品牌网红采用，并且取得了很好的效果。而到了现在，不仅是时装类产品，连很多你意想不到的产品，网红都会参与到设计之中。图 8-3 是豆瓣红人“唐僧”亲自设计的手机壳，深得粉丝喜爱。

为什么网红要亲自参与产品设计？首先，因为网红有着一套独特的审美哲学，只有通过实打实的产品，才能将其完全体现；其次，网红都带有很强烈的娱乐精神，因此由他们所参与设计的产品，将会带有更强烈的娱乐气质和互联网特性，更具个性与吸引力；同时，网红的设计天赋也将被展现，形成更为立体和高端的形象。粉丝们渴望看到真正属于网红的产品，而不单单仅仅只是文字、视频等，所以他们会对网红设计的产品大加追捧。

因此，网红融入设计，这将成为未来网红经济的主流。

其实，不仅是网红，就连企业家也加入了设计师的阵营之中。“不想做网红的老板不是好老板”，这句话点破了网红的精髓：企业家本人就是最大的网红。所以，就连联想集团 CEO 杨元庆也主动加入网红阵营之中，不仅代言旗下的新款笔记本，还加入设计团队，将自己的态度植入产品之中。所以，有一本名为《请叫我网红设计师》的网络小说，开始被网友热评。尽管这是一个虚构的故事，但可以看到：未来网红不再只是话题制造者，而是直接成为产品设计者！

8.3.2 由粉丝设计“网红专属产品”

很多品牌都有自己的专属产品，如可口可乐的主题杯，变形金刚的车贴等。这些粉丝专属产品，通常都有很好的销售态势，刚一推出就被哄抢一空；至于限量版的产品，更会得到粉丝们的格外关注，身价通常会在几个月内连续翻倍。

网红文化的走俏，同样让“专属产品”得到了大量的关注。例如新闻传播类网红“腾讯新闻哥”，就曾发起主题 T 恤衫活动，得到了非常好的市场反馈。

2015 年 6 月，“腾讯新闻哥”在公众号预告：18:04 开始预售 T 恤。结果，仅在短短 1 小时内就预售破千件，险些刷爆第三方平台“优定制”的服务器。只用一天的时间，这次文化衫的预售就完美结束。

可以说，T 恤是最好的“专属产品”类型，相比较其他类社群荣誉型产品，文化衫的价格适中，人人都可以承担；同时非常实用，买来即穿；并且，文化衫也带有一定的标签化属性，如魔兽世界 T 恤能立刻反映出穿着者是魔兽世界的粉丝。在传达广告的基础上，文化衫又会凸显出“文化”二字。所以，就连小米等品牌，也都推出了自己的主题 T 恤，依此更加丰富品牌形象。

因为 T 恤很能体现设计者的审美与风格，所以 T 恤的画面设计，可以交给社群粉丝完成。邀请多位社群设计达人设计画面，然后发起投票，引导社群用户选出最喜爱的一款，这种模式能更加刺激社群的活力，让社群文化衫投票活动成为一场大型活动，进一步刺激社群的活跃度。同时，对于入选的社群设计师，还应当给予一定的奖励，更加调动“社群大神”的热情与积极性。

甚至，借由粉丝们全程参与设计的 T 恤，品牌方可以直接发起一场众筹活动，直接形成巨大的变现能力，如图 8-4 所示。

图 8-4　某品牌发起的 T 恤众筹活动

其实不仅是 T 恤，马克杯、雨伞等产品，都可以吸引粉丝们积极参与，凸显粉丝的智慧和审美。产品的设计模式被彻底改变，这会让网红的形象更加全面，变现的渠道也更为丰富。

8.4
泛娱乐化，没有什么不能娱乐化表达

8.4.1 娱乐化的态度解构一切

尽管网红有很多种类型，如自媒体类网红包含了不少专业类、学术类网红，具有较为严肃的态度，但不可否认的是，多数网红本身就带有极强的娱乐的气质。正如当年火爆荧屏的《百家讲坛》，无论易中天、纪连海、于丹，都被冠以“娱乐学者”的帽子。

网红也是一样，在泛娱乐化的互联网平台，没有什么不能娱乐化表达。简而言之：倘若没有娱乐的精神，那么就很难成就网红。

留几手是微博世界中非常活跃的网红，粉丝数量达到了千万级别。而翻看他的微博可以发现，无论对于社会问题还是感情问题，这些原本较为严肃的话题，却都被留几手用娱乐化的语言进行解构，从而给粉丝们带来无尽的欢乐。

这就是顶级网红的特质：无论什么事情，都可以用娱乐的语言进行描述。其实，papi 酱也是如此，她的每一期话题，如《教你春节如何回击八卦亲戚》，这种话题原本很具有社会讨论意义，但 papi 酱却通过戏谑式的方式进行呈现，从而赢得了广大网友的喜爱。

对于商业也是如此，单纯的生硬推介，显然不能打动粉丝群体。所以，网红经济颠覆的不仅是互联网文化，更颠覆了我们的很多认知。不懂幽默的网红，不可能站在网红界的顶峰。

8.4.2 顶级网红的泛娱乐化：一句话掀起“商业战争”

网红的定义，已经不再仅限于草根一族，越来越多的商界人士也带有了明显的网红气质。并且，他们原本就有很高的知名度，因此一旦跻身网红行列，就很容易成为“顶级网红”。譬如京东总裁刘强东，就曾一句话掀起了“商业大战”。而这场大战到处透着“泛娱乐化”的特点。

2012 年 8 月 14 日，京东总裁刘强东在不到 12 个小时的时间里，接连发布 24 条微博，向竞争对手苏宁、国美等发下战书，保证所有大家电比国美、苏宁连锁店便宜至少 10% 以上。此举一出，京东官方微博大力转发，于此同时广大网友也积极参与讨论。随后，苏宁不得不迎战，即刻宣布如发现苏宁易购价格如高于京东，将立刻调价。国美、当当等也迎风而上，不约而同参战，创造了 2012 年最为火爆的社交网络话题。图 8-5 正是当年刘强东的微博截图。

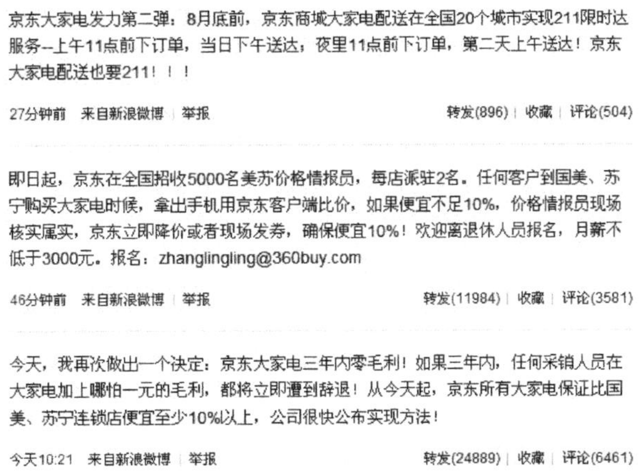

京东大家电发力第二弹：8月底前，京东商城大家电配送在全国20个城市实现211限时达服务--上午11点前下订单，当日下午送达；夜里11点前下订单，第二天上午送达！京东大家电配送也要211！！！

27分钟前　来自新浪微博 | 举报　　转发(896) | 收藏 | 评论(504)

即日起，京东在全国招收5000名美苏价格情报员，每店派驻2名。任何客户到国美、苏宁购买大家电时候，拿出手机用京东客户端比价，如果便宜不足10%，价格情报员现场核实属实，京东立即降价或者现场发券，确保便宜10%！欢迎离退休人员报名，月薪不低于3000元。报名：zhanglingling@360buy.com

46分钟前　来自新浪微博 | 举报　　转发(11984) | 收藏 | 评论(3581)

今天，我再次做出一个决定：京东大家电三年内零毛利！如果三年内，任何采销人员在大家电加上哪怕一元的毛利，都将立即遭到辞退！从今天起，京东所有大家电保证比国美、苏宁连锁店便宜至少10%以上，公司很快公布实现方法！

今天10:21　来自新浪微博 | 举报　　转发(24889) | 收藏 | 评论(6461)

图 8-5　刘强东微博截图

正是凭借着此次在社交网络掀起的“波澜”，原本备受资金链困扰的京东商城，在2012年年底成功融资。由此可见，在未来会有更多企业家主动加入网红的阵营之中。一旦他们用自己的影响力，对商业活动进行“泛娱乐化”表达之时，很容易引起粉丝的极度兴奋，以及竞争对手、投资机构的快速反应，因此迅速形成一场互联网商业行动。

所以，未来的网红经济，将会得到进一步扩展，并渗透到所有领域之中。网红经济，折射出的是“人的力量”，一个人如果能在互联网中成为焦点，成为风向标，那么他所代言的或经营的品牌，也会受到他的影响，备受粉丝关注。正如刘强东的“宣战”微博并非由京东官方发布，更多的是展现刘强东的自我意识，因此属于“娱乐化”范畴；但刘强东本身作为一名网红，当他表明了自己的态度时，会立刻掀起一场“娱乐狂潮”，所有对手也不得不宣布“参战”。

网红经济时代，没有什么不能娱乐化表达，商业行为和活动也不例外。

8.5
网红是一种梦想与生活模式

网红，是一种商业模式，更是一种梦想和生活模式。无数的草根一族，正在通过网红身份实现自己的梦想。甚至，连企业家也加入其中，成为了互联网时代的红人。可以说，未来的网红，不仅创造出了新的商业模式，更创造出了全新的生活方式！

8.5.1 网红的生活模式

你有成为网红的梦想吗？如果有，那么，你就必须学会网红的生活模式。

你是一名茶艺爱好者，恰巧，你拥有一家茶楼或在茶楼工作。每天下午，你都会打开手机，点击斗鱼直播，登录直播室开始直播自己的茶艺展示。你将每一个动作进行细分，然后告诉所有网友：这款茶壶有什么特质，适合泡哪种茶；这种茶的温度适宜在多少……两个小时后，你在网友们的称赞下退出直播室。

晚上回到家，你打开了微博，开始看看网友的留言。有人向你咨询茶叶的知识；有人向你咨询茶具购买的地址，你随手将淘宝地址发出。最后，在与网友说了晚安之后，预告明天的直播主题是什么，然后美美地进入了睡梦之中……

就这样，你创造出了一个茶艺的场景，解决了茶友网民的小众需求。也许一开始，你的人气并不高，粉丝数量有限，但渐渐地你会发现：微博的人数越来越多，自己的茶艺公众平台开始有品牌洽谈合作。甚至，有茶叶品牌亲自找到你，想要进行深度合作。为此，你的生活更加忙碌了。

> 早上起床，第一时间更新微信公众平台，和大家分享一下自己品茶、悟茶的心得，用散文化的语言，表达出自己的细腻情感；10点钟，登录QQ群，看看粉丝们都在聊些什么，说些什么；下午，接到团队的通知：有视频网站进行专访，为此必须吃完午饭后简单打扮一番，然后前往约好的采访地点……

这就是网红一天的生活。

想到自己要做什么，找准定位，找到最准确的平台开始发布内容，第一批粉丝出现后，积极开始互动，逐渐创建社群文化，进行商业变现，团队的组建，进行更专业的网红包装升级……想要实现梦想，就必须按照这样的节奏去生活。如果此时你觉得，这种模式自己根本无法承受，那么很遗憾：即便你拥有足够的能力，却依然不能成为网红。

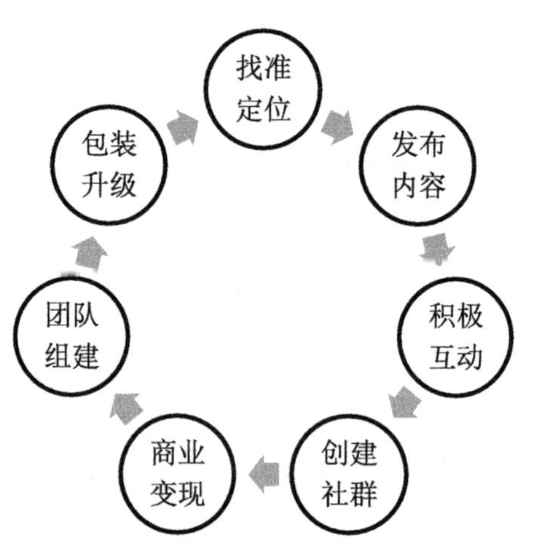

图8-6　网红的发展历程

所以，如果你准备好了做网红，那么就请按照网红的标准（见图8-6），来开始自己的一天吧！

8.5.2 未来的企业家，也会是网红！

董明珠，格力集团董事长。在很长一段时间内，国内用户都知道格力空调品质过硬、价格合理，却很少关注这位女性企业家。但就在2013年的年度经济人物典礼上，董明珠却突然与小米科技的雷军“掐架”，表示五年之内如果小米营业额超过格力，将会赔对方10亿元，顿时舆论哗然。

在过去，我们很难见到这样的企业家——不仅喜欢抛头露面，更喜欢抛出各种金句！这与传统印象中内敛、稳重的企业家形象大相径庭。

董明珠的对手雷军，更是出了名的“爱秀”——秀服装、秀英文。因此，越来越多的网友，也把他们称为“企业家网红”，甚至还形成了不同的粉丝群，经常在互联网上“互掐”。

不仅是董明珠、雷军，还有罗永浩、周鸿祎、李彦宏、马云……越来越多的企业家，似乎都成为了网红，否则微博上不可能出现如“马云语录”这样的ID账号。

毫无疑问，当“网红经济”脱颖而出时，所有企业家都立刻意识到：新的经济模式出现，过于保守的领军者，会给品牌带来一定的消极影响，因此，他们选择了主动曝光。甚至如更年轻的刘强东，其身上的娱乐性，有时候甚至超越了当红明星。

网红时代是一个“没有话题就会被遗忘的年代”。尤其对于雷军、周鸿祎这样的纯粹互联网品牌领导者来说，他们必须塑造出一个一个真实的、有血有肉的榜样出现，以此增加粉丝对于品牌的关注和讨论。过分低调的企业家，所率领的企业也必然是非常低调的，这对于想要打造社群文化、网红文化，尤其是直接面对消费市场的品牌来说，并不是一件好事。

所以，当格力集团也越来越意识到互联网的重要性之时，当格力的产品在线上销量逐渐超过线下销量之时，董明珠就不得不站出来，让自己成为“网红”，不断自动曝光。

还在抵触网红文化的企业，势必有一个过于低调的老总；

而过于低调的老总，意味着品牌低调；

低调，就意味着没有话题；

品牌过分低调，就不能在社群中传播文化理念；

品牌过分低调，只能让粉丝淡化对品牌的印象，即便他天天都在使用。

所以，当越来越多的企业家开始展现出“网红气质”时，我们是否还会对新华联、华润等留下深刻印象？不可否认，它们依旧是国内首屈一指的企业，但相比较过去来说，尤其是在年轻人群体之中，这些品牌的影响力无疑小了非常多。

8.5.3 企业家的“网红生活”

可以说，雷军、罗永浩、周鸿祎等人深谙网红精髓，因此他们始终伴随着品牌的成长，并根据品牌的特点，不断调整自己的网红风格。那么，对于其他企业家来说，如何打造自己的“网红形象”呢？如图 8-7 所示，是企业家网红的“三原则”。

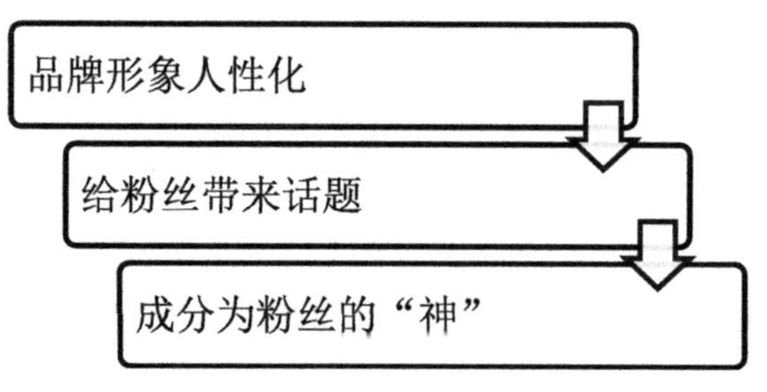

图 8-7 企业家网红“三原则”

1．品牌形象人性化

小米的特点，就是年轻化、自由化。而雷军的高调，将这个文化真正通过“人”的角度，传播给了用户。尽管相比较小米的粉丝，雷军的年纪已经不算年轻，但是每一次出现在媒体面前之时，他都会展现出年轻人的特点，无论穿衣风格还是说话方式。但是，如果仅仅只是靠小米的新闻通稿等方式来传达文化理念，那么总是会给粉丝感觉少了点什么——所有的新闻宣传都是冰冷的，带有操作痕迹的。而雷军的高调曝光，将那种刻意的品牌推广痕迹降低，用一种“我是用户”的姿态，将品牌的特点真正发散了出去。

同样，锤子手机主打的就是独立、自我，而罗永浩恰恰也是这样的一个人，所以由他出来“高调站台”，这本身就是一个非常好的推广模式。用自己的影响力和习惯，给品牌植入“人性化”的特点，这是“享受曝光”的关键。

“企业家网红”与品牌的形象一致，这样，品牌就具备了人性化的特点。

2．给粉丝带来话题

真正的网红，总会给粉丝带来各种有趣的话题。尤其对企业来讲，倘若粉丝们仅仅只是使用者，那么讨论的话题只能集中于产品操作、功能拓展上，时间一长不免乏味。但“企业家网红”的出现，却给社群成员们带来了更为生活化的话题。

雷军2015年在印度召开小米发布会之时，秀了一下不到三分钟的英语秀，却显得非常好玩：“Are you OK?”湖北音的“Do you nike mi band?”，甚至错将“I’m very happy to be in India”说成了“in China”。

短短几句英语，让雷军再度在国内外爆红，而小米品牌自然也被一而再、再而三地提及。并且，这件事还在互联网上得到了持续性的发酵，甚至连王思聪也加入其中。而“雷军英语秀”，也成为了一个互联网热门词汇。

很多人都怀疑，雷军的这个举动是一次蓄谋已久的炒作。因为小米之前的发布会，都会准备非常完整的 PPT，很难出现这种明显的口误，但这次的破绽接二连三，似乎是故意为之。

且不论雷军是否真的是炒作，但这次“高调”的口误，却给小米品牌和粉丝带来了非常多的新闻话题。可见，雷军非常懂得“网红”的窍门。“小米进军印度市场”，这则本身看起来很平淡、无爆点的新闻事件，却凭借着雷军的娱乐化成为热门话题，让整个粉丝群都陷入狂欢，甚至还吸引了原本并不关注小米的人，以及更多的海外粉丝。

结果，雷军不仅在公众前展现了自己的幽默，让粉丝对自己的崇拜进一步提升；同时，小米的新战略也在娱乐化的传播中被人接收，可谓一石二鸟之举。

3. 成为粉丝的“神”

苹果之所以能够成为粉丝黏合度最高的品牌，很大程度上在于乔布斯这个“大神”的存在。而企业家不时站出来曝光自己，发表自己的各种意见，尤其是具有深度的、具有话题性的内容，会很快让粉丝们产生强烈的敬意。在粉丝的眼中，这样的企业家甚至超越了“网红”的概念，带有一定精神引导者的意味。

粉丝们也需要榜样，需要“神”，如果企业 CEO 给了他们这样的一个机会，那么粉丝对品牌就会更加信赖，因为他首先信任的是“神”。罗永浩就是典型的例子，互联网初期他就建立了“睿智、善辩、幽默、自我”的形象，所以锤子手机刚一上市不用多少宣传，就能立刻引发高关注。所以，当同期的手机品牌不断倒闭、消失之时，锤子手机尽管也发展得不甚理想，但有了罗永浩这个“网红”，锤子依然收获了一批忠心耿耿的粉丝。

Part9

知名网红的掘金之路

说到网红，我们一定会想到以下这一系列的名字：张大奕、papi 酱、徐妍、同道大叔、谷大白话、沈曼……这些不同领域的网红，都凭借着自己的影响力，创造出了一个又一个互联网商业新奇迹。当所有人在羡慕他们的同时，却不曾看到：网红之所以有今天，不仅只是运气使然，更在于其自身的努力。找到这些网红的掘金之路，就给我们自己上了最重要的一课。“榜样的力量是无穷的”，让我们走进知名网红的世界，看看他们是如何走上网红这条路的……

9.1 张大奕的网红之路

人物小传：张大奕，模特出道，她的私服搭配在社交平台上深受粉丝喜爱，其电商店铺上线新品 2 秒钟内即被顾客"秒光"，月销售额达百万级。2016 年 3 月 8 日，在 2015 年中国网红排行榜中排名第 9。

9.1.1 张大奕的网红初尝试

成为电商网红之前的张大奕，曾经是《瑞丽》杂志模特，还给《昕薇》等杂志拍摄过内页搭配。因此，有人说：张大奕的走红是走了捷径：毕竟对于这样的时尚杂志，不是人人都可以上的。

不过，张大奕对此却并不同意。她曾说："杂志的经历对增粉并未提供至关重要的推力，纸媒和互联网的群体特征存在差别！"

正是因为看到传统媒体已经不能完全符合当下的发展，张大奕开始着眼于互联网。在她看来，互联网才代表着未来，互联网打通了传统商业模式所不能企及的各个环节：勾连起粉丝和产品之间的联系，将产品适当又高效地曝光，增强粉丝对她本人以及产品的信任感。

因此，已经是模特的张大奕，开始尝试介入互联网文化。她是最早开始用视频来介绍新品的网红之一。在秒拍、小影等短视频软件诞生之前，2014 年 11 月，张大奕用微单拍摄了她第一支 5 分钟的小视频。拍摄的初衷是因为粉丝对一款手工围巾的价格存疑，张大奕想用更为直观、立体的方式展示围巾，凸显这款围巾的价值所在。

在 2014 年，视频直播模式尚未风生水起，很多环节都有着明显的不足，例如画面不够高清，弹幕文化还没有完全兴盛，但凭借着动态的产品展示和解读给粉丝吃了定心丸。这段在当时颇有新鲜感的视频有 3.6 万播放量，399 条评论，围巾开售后被一抢而光。

这个事件让张大奕认识到：原来互联网是如此强大！为了让粉丝们更加放心，她还贴出了手工围巾的生产过程：一群老奶奶聚在一个房间，用棒针一寸寸编织棕色围巾。一下子，这张图立刻火遍了互联网。

在当时，张大奕一定还不知道网红这个词，但是不经意间，她用“讲述产品背后的故事”的形式，让自己红了。很多人在分析张大奕的走红时，将这个时间作为了张大奕网红起步的关键点，因为通过这种模式，她赋予了产品更多的人情味，增加产品生产的透明度，这些都可以增强粉丝对网红本人、对产品的信任感。

9.1.2 “粉丝是平等的”

在不少网红的眼里，粉丝就是自己的一个跳板，甚至是“钱包”。通过他们让自己更红、更赚钱，才是唯一的目的。但是，张大奕却不这么看，她如此说道：“我们是平等的，做自己，我是非柔软型。”

所以，在众多网红里，张大奕无疑是与粉丝互动最频繁的。在她看来，和粉丝构建在平等的对话场里，不仰视也不俯视，这才是真正的粉丝互动关系。因此，粉丝们也乐于与张大奕交流，张大奕也愿意和粉丝们互动。

有一件事，非常代表张大奕的这种粉丝策略。

有一次，一位即将离婚的女孩，和张大奕留言说自己希望能够“美美地离婚”，但张大奕店里的一款羽绒服还没有正式发售，因此，她咨询张大奕可否提前购买。为此，张大奕打破规则，让这个女孩提前拿到了羽绒服。这件事，在张大奕粉丝群里被传为佳话，因为这不仅仅是一件衣服，而是一个心愿，一个只有张大奕才能帮女孩完成的心愿。

正是这种态度，让张大奕的粉丝，从简单的信任，发展到了生活的各个方面。张大奕越来越意识到，自己是一名公众人物，必须给粉丝带来积极的影响。所以在回复粉丝的留言时，她也会激励粉丝，例如大学志愿怎么填，未来选择媒体还是律师，这种问题非常多，因此张大奕也成为了粉丝们的“知心姐姐”。

9.1.3 用心经营网红事业

很多人看到了张大奕的红火，却不知道，张大奕是如何经营自己的事业的。不了解张大奕的人，会说她是凭借姿色在吸引粉丝，但事实上，张大奕对于网红事业的专注和认真，才是真正打动粉丝的关键。

张大奕曾经说过：“有人觉得做服装店是二手倒卖，批发之后零售，是中介。但我不同，我是从一块布，一根线开始做衣服。”也就是说，张大奕对于网店的经营，可谓事必躬亲，无论文案撰写、出国取景还是产品拍摄，她都会亲自参与。毕竟，模特出身的她，更了解什么是时尚。

张大奕用自己的专业，在保证着店铺的品质，这是对粉丝的最大负责。张大奕的服装，会贴近粉丝的生活场景，每一款新品的开发总要提前 6 ~ 9 个月，在款式、面料、裁剪各方面细细斟酌。在张大奕眼中，这些直接决定了自己的职业荣誉，代表着自己的个人形象，所以她对生产流程斤斤计较。

“时间长了，还是走稳线，走质量。不管再喜欢，伤害到粉丝的利益，她们就不会喜欢你了。”这就是张大奕的态度。

而与其他电商类网红更加不同的是，张大奕的服装，全部由自己的采购团队、设计团队和工人完成。张大奕透露，公司只雇佣工龄10年、20年以上的工人，以此保证做工的质量。面料上，量化的优势可以让供应商在面料的质量上进行自我审查。上下游同时把控，从而将出错率降到最低。这就是为什么，张大奕的淘宝店生意非常好，一方面，在于她的个人号召力；另一方面，则在于品质的保证。因此，张大奕的“吾欢喜的衣橱”能有傲人的将近100%的回购率。

9.1.4 粉丝们的大福利：直播大优惠!

已经成为一线网红的张大奕，依旧保持着自己的特色，和粉丝们进行非常频繁的互动。因此，2016年6月，当张大奕的“淘宝直播秀”开播时，观看人数达到41.3万，点赞破百万，店铺上新成交量约2000万，客单价逼近400元，刷新淘宝直播的销量纪录。这个数字，一举击败了目前炙手可热的明星柳岩!

为什么，身为网红的张大奕可以取得这样的成绩?

为了让直播充满更多的趣味感，张大奕的团队在直播开始前，已经不断策划相应的内容。例如，在4个小时的直播过程中，无数网友都在刷屏“优惠券到底发了没?”“没有抢到再发一波?”可以说，能否得到福利，是很多网友的关注焦点。

为此，张大奕团队非常用心，几乎满足了所有粉丝的心愿。在过去，张大奕很少做促销活动，但为了这次直播，原本只发放在微博抽奖的大面额少量优惠券，被更改为小面额多量，不同面额可重复领取，且多渠道发送。同时，更多优惠券将在直播过程中不定时发送，粉丝只需在观看直播的过程中点击领取便可使用。

一下子，所有粉丝们都离不开屏幕了。因为，他们不知道福利到底何时派发。如此大的吸引力，自然让越来越多的粉丝不断涌入。

更让粉丝们兴奋的是，在直播过程中，张大奕还给粉丝们送上了一个大彩蛋：就在张大奕带着粉丝参观完公司后，她突然临时起意，要和粉丝电话连线。电话接通后，她都会问“你知道我是谁吗”，追问完细节后还不忘感谢对方的支持。

接到电话的粉丝，无不表示出非常激动的心情，这个小插曲，给那些等待优惠券的粉丝们带来了全新的话题，因此弹幕无数求“打电话”，让直播的气氛又热闹起来。这次全新的“微博营销，淘宝直播，互动成交”模式，已经在张大奕本次直播中展现了威力。

张大奕带来的思考：无论网红的身价有多高，粉丝始终是自己赖以生存的基础。所以，想要跻身一线网红，并形成丰富的变现模式，那么就必须从粉丝的角度出发，考虑粉丝到底喜欢什么，能够给粉丝带来真正的关怀，这是网红发展的最基础原则。

9.2
YY 娱乐平台沈曼的掘金路

人物小传：沈曼，1992 年出生，四川成都人，2013 年之前是一位护士，后来成为 YY 娱乐当红网络女主播，迄今已吸引逾 4 亿名用户。她获得 2013 年 YY 娱乐年度盛典女主播的第一名，获得“最受欢迎女偶像”的称号，被广大粉丝奉为“YY 女神”。

9.2.1 从不自信到自信：沈曼的艰难起步

经常上 YY 的人，一定对沈曼不陌生。这个 90 后女孩，创造出了 YY 发展史上的一个奇迹：每天直播的时候粉丝数量都保持在 15000 左右，而这 15000 名左右的粉丝每天可以给她贡现 10000 元的收入。在她生日当天以及年底的娱乐年度盛典，她的收入会出现大爆发，一天的收入以百万计。有人做过估算，沈曼的年收入已经非常可观。

但很少有人知道，刚入驻 YY 的沈曼，其实并不如如今这般光鲜夺目。

2012 年年底，还是一名小护士的沈曼，在朋友的介绍下，抱着玩的心态进入 YY 娱乐，尝试在直播间唱歌、向粉丝打招呼。不过，那个那个时候的沈曼，对自己毫无信心，每次直播时都有些扭扭捏捏，很担心无法完成任务。因此在当时，沈曼的人气很低，很少有人关注到这个毫不起眼的小姑娘。

那么，该如何完成当天的工作量？沈曼的方法，就是一直泡在YY里。很多时候都是从下午六点开直播，一直到凌晨两三点。而和她同期的主播，早已完成了任务选择下线，就剩下孤零零的她。

所以，这个阶段的沈曼，就是一只丑小鸭，让人看不到成为网红的潜质。

就这样，沈曼开始了自己漫长的YY主播生涯。直到在2013年5月的时候，通过不懈的努力，沈曼的粉丝开始涨到上千人。

此时，距离沈曼进入YY，已经过了一年多的时间。相比较其他人，她的潜力自然很不被看好。不过随着经验的不断增长，她可以更加自如地与网友互动，因此也收到了YY的邀请，开始参加一些官方举办的活动。在当年8月YY官方的一次“快乐男声”拉票活动中，沈曼大获成功，粉丝飙升至近万名。

这次成功，让沈曼终于有了翻身的机会。

9.2.2 从自信到努力，沈曼不停歇的脚步

进入2013年下半年的沈曼，显然逐渐走进了自己的辉煌期。粉丝渐渐增加的她，越来越意识到一个问题：“想做一个明星主播，第一要有长相、第二要有唱功、第三要会讲话和第四还要会做人。”对于长相来说，沈曼天生丽质，因此问题不大；但对于剩下几点，需要沈曼不断学习精进，因此她开始在这几个方面进行着重努力。

为了提升自己的唱歌技艺，沈曼通过互联网找到了不少老师，从而进行专业系统化的训练。同时，为了提升歌唱效果，她也开始自己钻研直播设备的搭配。尽管沈曼的直播设备与很多网红相比非常简陋，但效果却让人眼前一亮。在业余时间她也会观察其他主播与粉丝们的互动模式，并从中学习该如何说话，如何在开玩笑的同时不伤害网友，如何安慰心情不好的网友。

努力又真实，对粉丝友善，所以她的死忠粉也越来越多。沈曼说过：“很多新的粉丝看到现在的我，以为我天生就很善于唱歌。其实他们不知道，刚刚来 YY 的时候，我唱歌经常跑调，经常被网友破口大骂。所有屏幕前的风光都需要幕后付出双倍的努力，这是我送给所有粉丝们的话。”

最难能可贵的是，尽管沈曼的吸金能力可以与明星相媲美，但是她并没有丢弃良好的生活习惯。在穿着打扮这方面，她“对自己很抠门”，衣服 35 元、裤子 85 元、拖鞋 35 元，都是批发市场买的。也许，正是在 YY 上经历过的种种波折，正是丑小鸭变天鹅的过程，让沈曼建立了积极的人生观、价值观，没有被物质欲所俘获。而她的这种气质，也会辐射给粉丝，从而形成健康的网红新模式。所以，尽管沈曼属于第一代网红，轮吸金能力与新网红相比有所差距，但是她的影响力和成功之路，却受到了后来者的一致认同。

沈曼带来的思考：很多人都对网红有一定错误的认识，认为他们是瞎玩胡闹。的确，部分网红存在这样的现象，但这种网红很难持续性保持热度，通常在短暂的红火之后销声匿迹。而真正走得长远的网红，必然会不断提升自身内涵，多方面提高自己的综合能力，尤其是一技之长。所以，对于网红来说，漂亮的脸蛋是优势，但不是决定性因素；只有不断提升自身能力，才能真正打动粉丝的心，创造出变现渠道。

9.3 徐妍与“深夜发媸”

人物小传：徐妍，女，自媒体“深夜发媸”创始人。粉丝超百万，每期微信公众平台阅读量动辄 10 万 +，充满娱乐精神，热爱讲段子。

9.3.1 不断调整的 90 后“幕后美女”

相比较张大奕、沈曼、papi 酱，徐妍显然是网红界的异类：很少出现在公众视野之中，几乎没有发布过任何视频小节目，也没有自己的照片曝光。这在“看脸”的网红时代显然特立独行。徐妍的成功，依靠的是自己的文字和段子，也就是说，她是“自媒体网红”的代表。凭借着“深夜发媸”微信公众号，如今徐妍已经成为自媒体网红里的典型代表。如今，“深夜发媸”已是微信自媒体原创内容大号之一，根据新榜的数据，其活跃粉丝数量达到了 131 万。

而能取得今天的成绩，徐妍经过了长达一年多的调整。

2014 年，读大四的徐妍进入某新媒体部实习，负责企业的新媒体工作。接触了一段新媒体运营后，徐艳发现这个领域很有意思，因此第一时间开设了自己的公号。热爱写字的徐妍，在这方面表达出了旺盛的创作欲，实习期月收入最高时超过 6000 元。

在 2014 年，微信公众账号还没有像如今这般火热，能够达到阅读量 10 万以上的文章并不多。但经过徐妍的不断努力，她的公号也突破了三万的阅读量。这让徐妍第一次意识到，自己找到了最适合个人发展的路线。

随后，徐妍开始不断调整自己的风格。用她自己的话说，成功就源于不断地尝试，不断地纠错。最早的时候，徐妍在“深夜发媸”上发一些自己的故事，但发现其他人并不关心，她马上开始改写诗歌，发现诗歌也没什么人看。然后又改写小情诗，但她发现一开始大家还看，写久了又没人看了。就是凭借着不断地测试各种风格，徐妍才找到了自己的路。

徐妍曾经对记者说：“无论运营什么，都需要天赋。但是，这里说的天赋不是聪明，而是适应潮流，多做公众号的人，可能比较忠于自我。所谓优质的内容是有一个判断标准的，如果我来判断的话，和你理解的用户其实是有差异的。”

由此可见，徐妍这名网红，与视频主播型网红有着本质的不同。徐妍靠的是才华和文笔来征服粉丝，与“有文有图有视频”的网红相比，她的成功难度会更大。

9.3.2 精准定位，击中粉丝痛点

经过了一段时间的不断摸索后，徐妍和她的“深夜发媸”，终于找准了自己的定位：“深夜寂寞的年轻男女”。“深夜发媸”的发送模式，打破了微信公众推送“深夜休息”的原则，因为她的文章基本在深夜时分推送，话题大多关注年轻人爱看的段子和热点，字数通常不会超过 500 字，言辞直白大胆，排版干净简洁，配有原创的插画，如图 9-1 所示。

给深夜男女发送内容，这是徐妍经过不断调整后确立的定位。并且，徐妍也深谙互联网之道，大打“标题党文化”，例如“你有男人你不丑，我没男人

我养狗”等诸如此类。徐妍发现，对于深夜不睡觉的人来说，过于严肃的标题，只会让他们产生反感，唯有好玩、有趣的标题，才能激发他们点下去。

当然，不仅是标题，对于公号的内容，徐妍也是直击粉丝们的痛点：例如“我的街拍能拿奖，你的街拍像吃翔”在用超模刘雯为例，教大家怎么拍照。短平快又好玩的原创内容加排版，逐渐形成了独特的“深夜发媸体”文风。

直到 2015 年，当渴望进行商务合作的公司找到自己，徐妍这才意识到：原来公号不仅可以作为兴趣，甚至还可以形成品牌！因此，当她看到“深夜发媸”的盈利和个人工资一样，于是她毅然选择了辞职，开始正式进军“全职自媒体网红”。很快，团队组建完成，“深夜发媸”从文风到美学再到经营模式得到统一，因此迅速成为时尚男女关注的重点，单篇阅读量直接突破 10 万。

美的人都已经睡偶像了，而丑的人却还在洗头

原创 2016-06-21 徐老师 深夜发媸

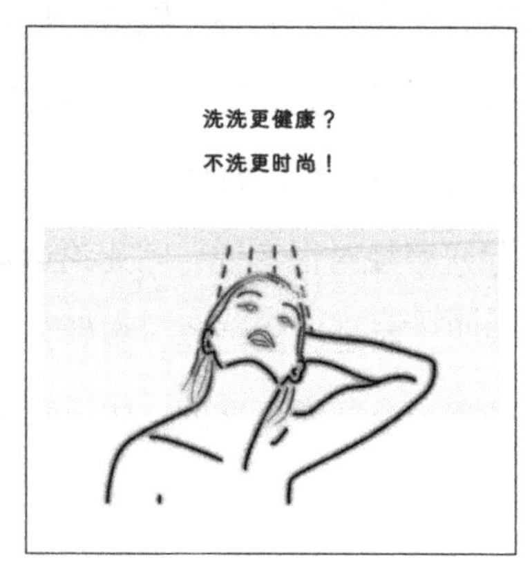

图 9–1 深夜发媸微信公众平台推送的内容

在一次访谈上，徐妍曾这样说明“深夜发媸”的成功：“某些运营得很不错的公众号，比如说网易新闻客户端它的每日轻松一刻，就有非常强的人格化特征。还有一个新闻哥的公众号，他是以一个人的视角告诉你每天的新鲜事情，让粉丝有亲切感，感受到文章的温度。这与冷冰冰的公众号“人设”相比，显得更有吸引力。所以你有没有一个人格设定，这是最基础的。其次才是你这个人格设定有没有吸引人的性格特征。如果想保持用户黏度，想要用户的印象更

深的话，希望你的微信公众号，你的企业媒体或者你的个人都要有人格形象在。”

在徐妍看来，这就是自己成功的核心要素。

徐妍带来的思考：在看脸的时代，我们同样可以用自己的才华，跻身网红的行列。而达到这个目的的前提，则是自己有足够的学识，有着老辣的文笔。在此基础上，还应当找准粉丝的定位：什么人能成为自己的粉丝，他们具有怎样的特点？他们爱看什么？具有怎样的审美？如此一来，我们就能收获一批忠心耿耿的粉丝，从而实现商业价值。

9.4 “papi 酱”引发的争议

人物列传：papi 酱，1987 年 2 月 17 日出生于上海，毕业于中央戏剧学院导演系。2015 年 10 月，papi 酱开始在网上上传原创短视频 。2016 年 3 月，papi 酱获得真格基金、罗辑思维、光源资本和星图资本共计 1200 万元人民币融资，估值 1.2 亿元人民币左右。2016 年 7 月 11 日，papi 酱在斗鱼、百度、优酷等 8 个平台同时首次直播，8 个平台同时在线峰值达 2000 万，截至 7 月 12 日上午 8 点，累计有 7435.1 万人次观看，获得了 1.13 亿个赞。

9.4.1 papi 酱的起步：变音原创视频

提及网红，我们就不可能绕开 papi 酱。这个年龄不大的女孩子，几乎一人将“网红”的概念推至顶点，并创造出了全新的商业价值与模式。因此，尽管在 papi 酱之前，有很多网红都已诞生，但是直到 papi 酱的横空出世，“网红经济”才得到了网友、互联网观察家的广泛关注。

通过 papi 酱的履历，我们可以看到：她毕业于知名院校，学的是导演专业，是一名不折不扣的“文艺女青年”。那么，是什么缘由，让她走上了“谐星”

的网红之路？

其实，papi 酱很早就已经开始在互联网运营自己。早在 2013 年，她在天涯社区上开了一个名为“papi 的搭配志”的帖子，上传了自己不少日常衣服搭配的照片；评论大多赞扬她“是个美女”“很漂亮”。不过，此时的 papi 酱带有很强烈的文艺女青年气质，受众群非常狭小，因此并没有走红的迹象。

两年后，papi 酱和自己的同学注册了一个名叫“TCgirls 爱吐槽”的微博 ID，并开始不断发布各种浮夸、好玩的小视频。此时的 papi 酱，已经逐渐抛开美女的包袱。

很快，同学因为各种原因，渐渐放弃了微博，为此 papi 酱正式开始自己的“网红之路”。papi 酱的试水，就是依靠自己编辑的视频素材，以变声形式发布原创的视频内容。她的语言混搭系列十分出彩，“上海话 + 英语”系列短视频中，她饰演一个在电话中劝闺蜜与渣男友分手的女性，连珠炮似的把上海话、英语、日语流畅地融合在一起：“侬到底有没有 understand 现在这个 situation 是什么样啊？”

尽管 papi 酱并非演员，但身在中央戏剧学院，她耳濡目染拥有了很好的演技，因此与其他同类型的网友相比，她的表演显然更专业，也更夸张、更具戏剧性。因此，papi 酱很快便吸引到了自己的第一批粉丝。除了语言系列，她还有很多戳中年轻人笑点的吐槽视频：“如何跟讨厌的亲戚过春节”“为什么有些人一谈恋爱就讨人厌”……这一类视频让不少网友高呼“说出了我的心声”！

papi 酱的成功，一方面源于自己的专业：导演出身的她，更了解怎样的视频更能吸引到网友的关注；另一方面，则在于她对互联网精髓的巧妙应用。爱吐槽、夸张化，这都是互联网的精神核心，所以当“专业背景 + 互联网基因”联姻之后，papi 酱不成功都难。

9.4.2 轻松背后的不轻松

papi 酱的成功，让一大批年轻人投入于“吐糟视频秀”的阵营之中，可惜能给人留下深刻印象的并不多。为什么，看似简单的视频秀，多数人都难以做好？这是因为，很多人并没有看到，papi 酱在诙谐视频背后所付出的努力。

papi 酱的视频制作，远不是一部手机这么简单：短短的几分钟视频需要花费好几天的时间来拍摄、剪辑；对视频的节奏需要精准把握，才能够呈现成品中的爆笑效果。因此，papi 酱每个视频中的自我介绍“我是 papi 酱，一个集美貌与才华于一身的女子”，可不是一句大话。所以，papi 酱的发布频率并不是那么高，每一期的背后，她都必须付出很多艰辛。

更困难的，则在于创作。尽管互联网上的段子非常多，但是如果仅仅“拿来即用”，那么即便再有意思，也是“别人嚼过的馍”，很快就会让粉丝们感到乏味。因此，创作是 papi 酱吸引粉丝的致命武器。可以说，表面上 papi 酱是一名谐星，依靠幽默视频来吸引粉丝，但实际上她是一名创作者，依靠才华在网红界打拼。

很少有人知道的是：与其他团队化运作的网红相比，在创作领域，papi 酱完全一个人来打理。papi 酱在接受腾讯娱乐专访的时候澄清：“我没有推手，幕后没有，幕前没有。视频的取材完全基于自己的生活，写段子的速度则要看自己的拖延症程度了。”可见 papi 酱承受着多大的创作压力。

9.4.3 成名后带来的争议

尽管如今 papi 酱已经成为我国最顶级的网红，赚得盆满钵满，但对于她的争议，一直都没有停止。2016 年 4 月，papi 酱遭到广电总局“封杀”，有视频平台收到广电总局通知，要求将 papi 酱系列作品下线，原因为“以直接、暗示、辱语等方式表述粗口、侮辱性语言内容较多”。

一时间，不看好“网红经济”的人纷纷跳出来，指责papi酱的内容低下，根本不适合传播。对于此，papi酱没有做过多的解释，而是按照国家的要求调整作品风格，剔除了不适宜传播的内容。但因为此，她也遭到了铁杆粉丝的批评：“转型后的papi酱不好玩了，已经不再是过去那个‘集美貌与才华于一身的心灵鸡汤教主’了，让人很失望！”

不过即便与此，投资机构还是非常支持papi酱。罗辑思维和真格基金分别表示将会继续支持papi酱，还为她召开了“中国新媒体的第一次广告拍卖会”，拍卖papi酱视频贴片广告。而这两家机构的负责人同样来头不小：徐小平与罗振宇。徐小平更是斩钉截铁地表示：“papi酱是这个时代最伟大的网红，就像轻松版的鲁迅。papi酱是我们这个时代最伟大的网红，投papi酱的人也是投资界最伟大的网红！”

直到今天，有关papi酱的争议依然存在，但越来越多的人，已经开始理解并喜欢上这个小姑娘。其实，任何一种新经济模式的出现，都存在着这样的博弈：有人叫好，有人唱衰。但是，如果能把握正确的大方向，然后不断调整细节，做到符合相关部门的要求，并严于律己，那么新的经济模式，必然会笑到最后。

papi酱带来的思考：专业的态度，才能呈现专业的作品；专业的技能，才能带来让人惊叹的内容。papi酱的成功，给所有网红上了非常重要的一课：姿色再美，抵不过才华；才华再高，同样需要努力。想要成为顶级的网红，那么就不能轻视这个名词，而是应当像对待职业一般心存敬意，这样才能一步一个脚印地前进。当你做到足够优秀之时，那么商业价值就会自然凸显！

9.5
同道大叔：爱吐槽的星座段子手

人物列传：同道大叔，2013年毕业于清华美院，从2014年7月在微博开始发布一系列星座吐槽漫画而走红。至今，各平台粉丝总计超过3000万人，每天超过300万人次访问其微博微信主页，每天超过30万人转发其内容，是整个互联网最具现象级的星座类博主之一。

9.5.1 一波又三折：飘忽的定位

如今，提到同道大叔，很多人都会想到他的星座系列吐槽漫画。可以说，在整个互联网中，没有一个人如同道大叔一般，既具备高超的漫画技巧，又始终如一地关注一个细节点。

但事实上，同道大叔早已开始了自己的“网红之旅”。但直到着眼星座系列之前，他一直都是不成功的。定位的飘忽不定，让同道大叔在多年里一直处于半温不火的状态。

2013年6月，同道大叔的微博正式建立。因为出身美术学院的缘故，因此同道大叔主打漫画系列。不过那个时候，微博上的漫画达人有很多，同道大叔尽管专业出身，并且无偿地给粉丝画定制漫画。但这些漫画，和其他的漫画博主所画的内容没有太大区别，虽然画风有自己的风格，仍然引发不了多大的关注。仅仅维持了一个月，同道大叔就选择了“歇业”。

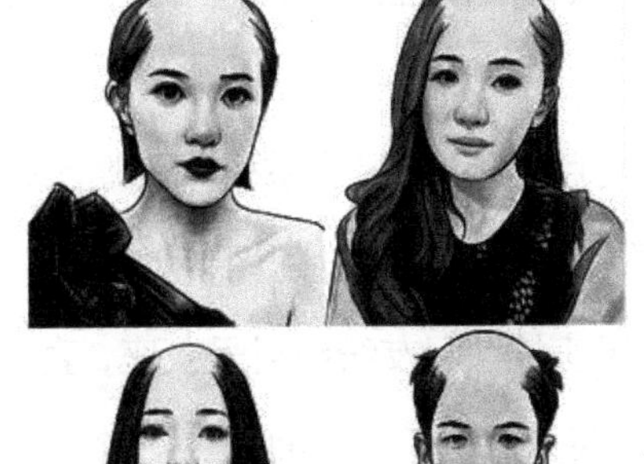

图 9-2　同道大叔的早期作品

随后，同道大叔选择了“紧跟时尚潮流”，开始借势做恶搞海报。当时，《小时代》正值上映时期，因此同道大叔开始恶搞《小时代》的海报（见图 9-2）。这一次，同道大叔获得了一定的热评，达到了近五千人的转发，这让同道大叔第一次不再“默默无闻”。

不过很快同道大叔又遇到新的危机。首先，微博热点不是天天有，因此他的更新变得非常慢，很容易就被粉丝淡忘；同时，越来越多的人加入到了恶搞的行列，尤其是一大批视频恶搞达人的出现，单纯漫画恶搞微博的人气逐渐降低。所以这时候同道大叔开始创作系列漫画，揣测互联网用户心理出各种搞笑漫画。有的时候，有的内容可以转发上万次，但有的时候，转发量仅仅为尴尬的个位数。因此他始终无法跻身一线网红的行列。定位的不断变化，也让他的粉丝开始流失。

9.5.2　精准定位：漫画、图书、星座，一个都不能少！

直到 2014 年，同道大叔在一月份发布的一条关于 12 星座失眠的微博，在发布之后突然掀起大的波澜。当天晚上，这条微博的转发量就达到了四万多，创造了同道大叔微博转发量的纪录！而随后几天，随着不断的转发，这条微博迅速突破数十万大关，一举登上了微博热门榜！

这条微博，标志着同道大叔终于开始跻身一线网红的行列。为什么这条微博会得到如此高的关注？同道大叔潜下心来，开始研究其中的奥妙。他很快意识到，这样的漫画既满足了现代人对于星座的娱乐精神，同时也关注到了“失眠”这一都市年轻人经常出现的问题，他才明白：只有独创性的内容，结合现实生活的娱乐，才能真正打动人心！

顿时，同道大叔找到了自己的定位。当年九月，“吐槽星座系列”正式上线。从这一天开始，同道大叔定期更新微博，用幽默诙谐的文字及配图，以吐槽 12 星座在恋爱中的不同缺点为主，吸引了大量“星座控”网友纷纷对号入座，直呼“一针见血”。同道大叔从不同角度写星座，深刻揣测用户心理，每一个人都可以找到自己的星座特征，所以每篇博文一旦发布即会引起大量转发。

精准的定位，让同道大叔找到了成为网红的“命门”，从此以后，他的微博就成为了“星座大号专业户”，他把自己与星座牢牢关联在了一起。为此，他还不断学习星座的知识，然后用漫画的方式进行表达。仅仅一年后，他的微博粉丝就达到了 500 万，同期开放的微信公众平台，每期阅读量也都达到了 10 万之多。

伴随着不断高涨的人气，同道大叔的图书作品也高调出版，如图 9-3 所示。

图 9-3　同道大叔的图书作品

2015 年，《千万不要认识摩羯》正式上市，这是同道大叔出版的第一部星座漫画书，也是“同道大叔吐槽星座”系列漫画的第一本。这本书，继承了同道大叔在网络上惯有的犀利吐槽方式并将其发扬光大，主要以呈现摩羯在生活中和朋友、恋人、同事等的独特相处方式为主线，精益求精，让读者熟悉摩羯通用的性格特点和行为轨迹。而“同道大叔吐槽星座”系列的其他图书，也都在陆续上市之中。可以说，凭借着精准的定位，同道大叔不仅让自己成为了网红，更拓展出了网红更多的变现思路，成为了漫画领域的“网红第一人”。

同道大叔带来的思考：表面上看，同道大叔从默默无闻到网红，遇到的最大问题在于定位，但在这个基础上，他还给我们带来了深度的思考——有趣的创意，才是打动粉丝的关键。“星座＋漫画”的组合，并且配合系列化的故事场景，这种模式是很多漫画达人都不曾做到的，因此同道大叔自然能够快速脱颖而出。而在这个基础上，再去考虑定位是否准确，能否形成持续化的效果，这是成功的关键。并且，同道大叔的漫画直击现代人心灵，借助漫画的表现手法和星座的表达方式去做阐述，让读者更有亲切感和代入感，当然更受欢迎。无论对于哪个领域的网红来说，定位、创意性和延续性，都是不可或缺的，唯有将三者巧妙结合，才能打造出真正具有高商业价值的网红！

9.6 谷大白话：最具专业气质的网红

人物列传：谷大白话，1983年生，东北人，“深夜脱口秀脑残粉”，从2011年年初开始听译美国深夜脱口秀节目，并在微博上发布。因其对美国俚语等背景文化有“掘地三尺”的死磕精神，和把英语口语中国本土化的翻译理念，被网友尊为“俚语字幕组大神”。在2015年中国网红排行榜，他排名第十二位。

9.6.1 接地气的本土化改造

谷大白话，这是微博上一个非常知名的ID，从微博出现不久，他就是众多网民追逐的“大神”。但很少有人知道，在互联网之外，谷大白话只是一名普通的上班族，在一家出国留学培训机构任教。身边的人也鲜少知道他就是网上的“谷大白话”。为什么他会从2010年就开始关注美国脱口秀节目，并源源不断地将其进行翻译？用他自己的话来说，就是为了减压。

所以，谷大白话在网红领域中显然是个异类，尽管他的知名度非常高，粉丝数百万，但与那些“专职网红”完全不同。“网红”，仅仅只是他的兼职。但是，为什么仅凭爱好，就可以成为知名的网红呢？

谷大白话的成功之处，就在于其本土化的幽默气质。在开始翻译美国脱口秀时，国内的关注度非常低，但凭借着本土化的改造，谷大白话的粉丝数量不断上升，从0到五百多万，微博粉丝量不断增长。精准的定位，让谷大白话没有像同道大叔一般，经历波折的“网红成长之路”。

来看看谷大白话的经典语录，你就知道为什么他会具有如此高的人气：

> 垂头 sulky，叶公好 long，瓢 pour 大雨，废寝忘 shit，坚持不 shit，无 shit 可 gay，前仆后 gay，巧舌如 hung，liar 俐齿，势如 PO 主，勤能 boob job，one piece 归赵。
>
> 高帅富 = girl's chauffeur
>
> 开封菊花节 = Kaifeng Festival of Chrysanthemum，简称 KFC

倘若观看由谷大白话翻译的美国脱口秀，你会更加直接地感受到谷大白话的语言表达魅力。结合了中国特有的“中式英语”，同时植入不少的东北特有方言，再配合美国脱口秀画面，一种非常特别的后现代幽默感油然而生。同时，谷大白话的英文水平非常高，有利于网友的英语学习，所以无论是英语爱好者还是普通网友，都对谷大白话的作品交口称赞。

有人曾这样发出疑问：为什么谷大白话看起来不仅懂英语、东北话，似乎对中国古典文化也非常有研究？很少有人知道：谷大白话之所以可以将美国节目信手拈来地改造，就在于他非常深厚的知识储备。谷大白话精通古文，还在大学时恶补英语，托福考试中公认为最难的听力题型他拿了满分，学习之余开始兼职一些出国培训的英语教学。而为了更好地配合自己的出国培训教育工作，他也开始固定看外国新闻、国外八卦网站，由此积累了大量的文化梗、八卦梗等。所以，与其他网红相比，谷大白话的专业技能最为突出。正是因为丰富的知识储备，所以，在进行本土化改造时，谷大白话也就得心应手，非常能抓住“梗”，直击网民的心理。

而与 papi 酱相似的是，谷大白话也一个人完成了所有工作。听、译、写、时间轴、校对、压制，全部一个人完成。所以，他在实现自已兴趣爱好的道路上，成为了中国译者的标杆性人物。

9.6.2 扎根“草根”，拓展网红事业

凭借着在听译界的超高人气，谷大白话也开始渐渐展现出了个人的商业价值。就在 2016 年 8 月，他的个人专场演讲在上海召开，图 9-4 为谷大白话的脱口秀海报。而这场演讲会的赞助商，包括了澎湃新闻、别克汽车等，谷大白话的商业价值可见一斑。

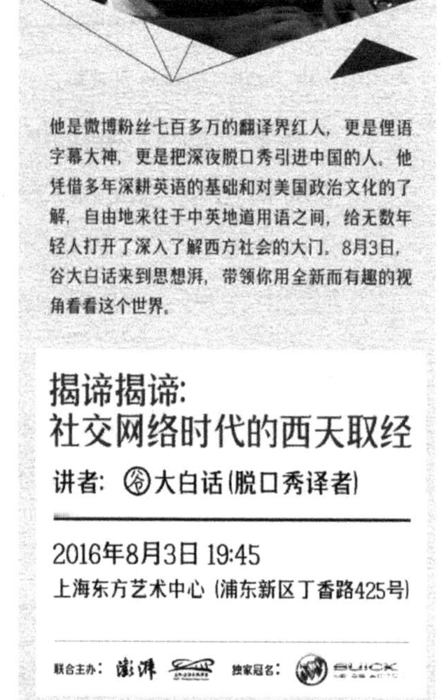

图 9-4　谷大白话的脱口秀海报

2016 年，谷大白话开展了一系列的线下座谈会，无一例外都是爆满——不仅观众人数爆满，就连赞助商也爆满。诸多品牌看到，谷大白话身上有着巨大的商业价值，因此变现渠道日益丰富。

除了线下讲座，粉丝见面会、品牌代言等，一系列的商业模式，已经在谷大白话的身上开始逐渐展现。未来，谷大白话在立足翻译的同时，还会进行更多的商业模式探索。

对于脱口秀翻译，他把这个爱好当做了事业，并据此对其他创业人士说：

“内容是最重要的，千万不要偏离这个宗旨。在创业的过程中，会有投资者，会有合伙人，会有粉丝告诉你这个重要那个重要，其实可能都不重要。内容、产品本身才是最重要的。而好的内容创作要努力去实现，如果玩命努力还不行，那就去找有创作内容能力的人帮忙。内容创业的另一方面就是要看你的目标受众。你的目标受众使用什么语言，你就得用什么样的语言。但是话说回来，你的内容本身是复杂的，还是好玩的，有创意的。但表达方式是需要接地气的。‘接地气’的本身就是把复杂的东西用更直白的语言讲述的过程。对于目标受众的确定其实是一个相互摸索的过程，慢慢思考就知道受众是谁了。”

谷大白话带来的思考：专业、专业，再专业，这是谷大白话给所有网红上的最重要的一课。没有专业做支撑，娱乐很容易流俗；没有专业，定位也将无法精准，只能“打一枪换一个地方”。其实不仅是谷大白话的翻译，同道大叔的星座漫画、徐妍的情感男女文章、张大奕的时尚女装……中国的一线网红，无一例外不是专业领域的达人。唯有拿出专业的态度和作品，才能让粉丝们折服。而在此基础上，加入幽默、人生哲理等方面的“调和剂”，才能一炮而红，成为最具商业价值的网红！